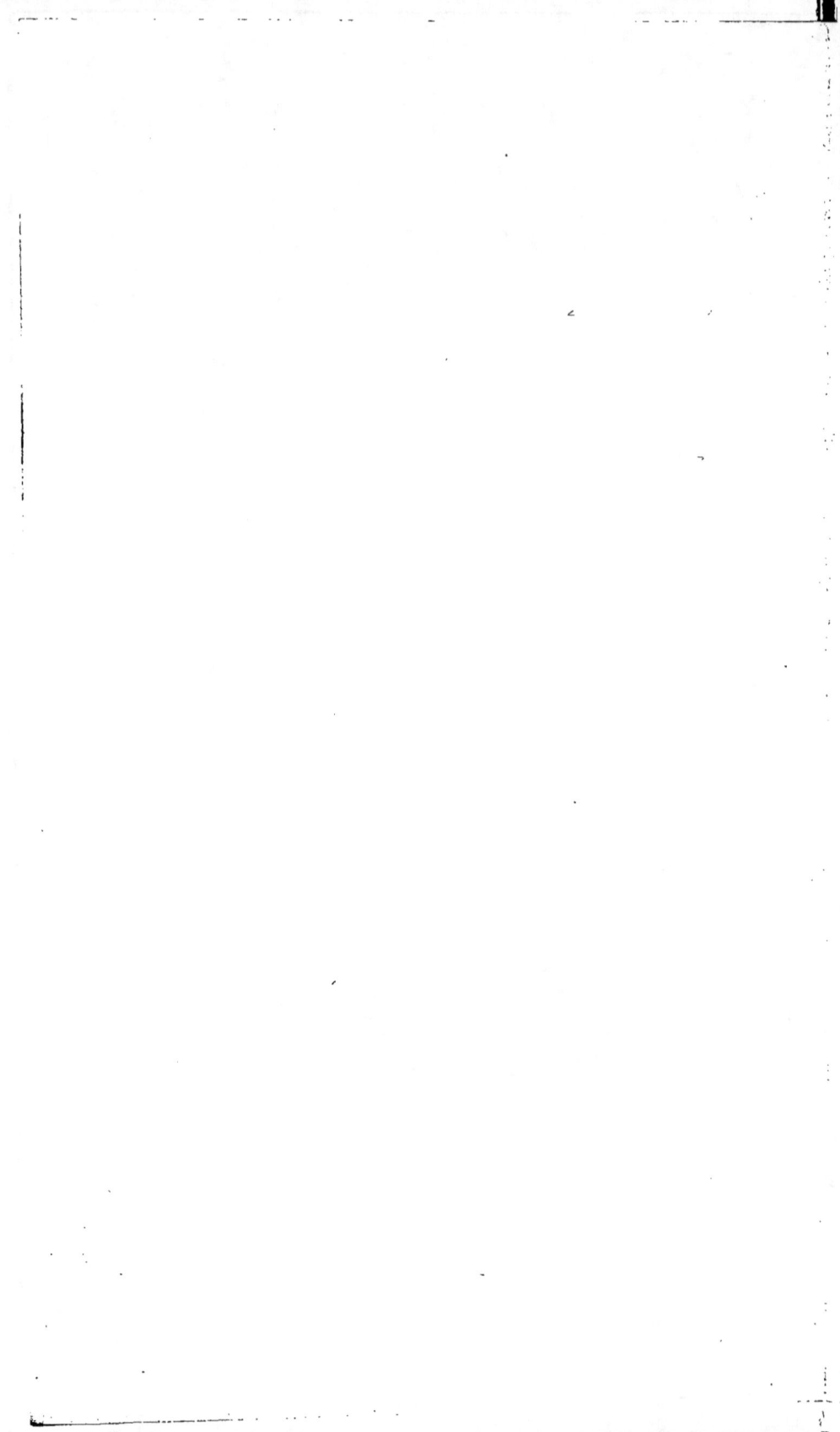

INJUSTICE

DE

L'ÉVÊQUE DE BAYONNE

ENVERS

L'ABBÉ RACHOU

Tant que l'abbé Rachou sera dans une ville, sa brochure se trouvera
en dépôt chez les principaux libraires.

PRIX : 75 CENTIMES

PAU

IMPRIMERIE VERONESE, RUE PRÉFECTURE, 11

1882

INJUSTICE

DE

L'ÉVÊQUE DE BAYONNE

ENVERS

L'ABBÉ RACHOU

AVIS AUX PERSONNES RELIGIEUSES

Je suis très décidé à ne vendre cette brochure que dans la mesure de mes besoins ; d'abord pour me payer l'argent des messes que Monseigneur m'empêche de dire depuis cinq mois sans motif suffisant, et puis pour couvrir les dépenses que j'ai faites ou que j'aurai à faire pour obtenir la justice que je demande. En conséquence, j'engage les personnes dévouées à la religion à se faire un devoir d'acheter ma brochure, pour qu'il en tombe moins d'exemplaires entre les mains des personnes hostiles à la religion, et que le mal causé soit moindre par conséquent.

1.— But que je veux atteindre par cette brochure.

Dans plusieurs lettres, j'ai dit à mon évêque, avec une assurance respectueuse, que je me constituais le champion invincible du droit et de la justice. Je veux que cette parole soit, non pas une fanfaronnade ridicule, mais une réalité victorieuse de tous les obstacles que je rencontrerai sur mes pas. Je me plains fortement dans cette brochure de ce que depuis le 1er juillet Monseigneur l'évêque de Bayonne m'empêche de dire la messe, sans avoir des motifs suffisants pour une pareille sévérité, et de ce qu'il ne veut pas m'accorder, comme aux autres prêtres, une position dans le ministère sacerdotal. Il ne peut cependant me reprocher que le courage avec lequel j'ai exigé, comme c'était mon droit et je le prouverai plus bas, que M. Lassalle, curé de Sainte-Marie-d'Oloron, réparât une injustice que j'avais à lui reprocher, et que mon évêque me promit de ne pas me rendre victime de ma hardiesse à employer des moyens éclatants pour obtenir cet acte de réparation. Or, je crois le prouver par des raisons très convaincantes dans ma brochure, mon évêque me fait une injustice manifeste en me poursuivant ainsi de ses rigueurs sans avoir autre chose à me reprocher.

Je sais bien que si j'avais voulu m'en rapporter à sa bienveillance, lui faire mes excuses pour les plaintes publiques que j'ai proférées à Orthez contre l'obstination de M. Lassalle à ne vouloir pas réparer sa faute comme il le devait, Monseigneur aurait songé à me donner une position dans son diocèse. Et je crois, je dois le dire, qu'il aurait agi envers moi comme un bon père ; pour cela il n'aurait eu qu'à suivre les inspirations de sa bonne et riche nature. Mais moi, je suis passé par des épreuves très rudes qui m'ont inspiré un amour très grand pour le droit et la justice. Et j'ai compris que la religion ne pouvait pas approuver que les supérieurs ecclésiastiques se conduisent envers les prêtres qui leur sont désagréables, comme ils se permettent trop facilement de le faire. Je suis d'avis que les supérieurs n'ont pas le droit de sacrifier les intérêts et les droits de leurs inférieurs aux exigeances de leur amour-propre, au désir très naturel qu'ils éprouvent de ne pas avoir à reconnaître une faute lorsqu'ils l'ont commise, et de ne pas rendre les armes devant un prêtre courageux comme moi, qui demande à être traité selon la justice, en employant autant qu'il le faudra les moyens les plus énergiques sans s'écarter pourtant des bornes du respect dû à ses supérieurs.

Je suis très décidé à me plaindre, s'il le faut, dans des ecntaines de villes de France, avec une brochure comme celle-ci que j'accompagnerai bien vite des accents de mon âme, justement indignée par le refus persistant que mettra mon évêque à faire droit à mes légitimes réclamations. La victoire, je l'ai dit bien souvent, devra rester au droit, à la justice, et non à l'arbitraire, à l'injustice, au mépris des prêtres dignes.

Je regrette profondément le scandale que produira ma brochure en se répandant dans le public. Mais je ne suis pas obligé de tenir aux intérêts de la religion plus que mon évêque. Et si Sa Grandeur préfère le scandale plutôt que de me traiter selon la justice, je puis, après lui, comme lui et avec lui préférer le scandale, plutôt que de supporter l'injustice et le mépris de ma dignité sacerdotale que mon évêque connaît très bien.

Monseigneur a eu sous les yeux le texte de ma brochure avant que je ne l'ai livrée au public. Il n'y a donc pas pour lui de surprise dans la manifestation que je vais faire de mes griefs devant mes lecteurs. Ceux-ci penseront, comme moi, j'en suis convaincu, à moins qu'ils ne soient aveuglés par un culte excessif mais très respectable pour l'autorité épiscopale, que Mongeigneur Ducellier aurait dû se faire un devoir d'arranger mon affaire, sans que le public ait à s'en mêler. Il faudra pourtant qu'il reconnaisse mon droit, je le lui promets bien. Après avoir consulté 28 professeurs de morale de différents grands séminaires et le pape lui-même par plusieurs lettres, je suis assuré qu'il m'est permis d'agir comme je suis très décidé à le faire.

II — Conduite condamnable du curé de Sainte-Marie envers moi.

Pendant plusieurs années j'ai cru bien sérieusement que la Providence m'avait destiné pour être prédicateur séculier, c'est-à-dire pour m'occuper de prédication sans vivre sous la dépendance d'aucun supérieur. C'est là une carrière très légitime reconnue par l'Eglise, dans laquelle se sont illustrés plusieurs hommes de talent, comme l'abbé Combalot, l'abbé Cœur avant d'être évêque de Troyes et d'autres que je pourrais nommer encore. Je me suis cru, et plusieurs connaisseurs m'ont reconnu des qualités rares pour faire un orateur distingué. Mais il m'a manqué une qualité essentielle que je croyais acquérir avec le temps, et l'exercice : c'est une facilité suffisante pour traiter toujours avec bonheur devant les auditoires exigeants, les divers sujets relevés qu'un prédicateur de profession doit aborder en chaire. Or, pour me faire une existence honorable, j'avais besoin de pouvoir paraître toujours avec avantage devant des auditoires difficiles. J'ai donc dû renoncer à une carrière où je ne pouvais pas réussir convenablement.

Le mois de janvier dernier j'ai demandé à mon évêque qu'il voulut bien me donner un poste de curé. La paroisse d'Aren, voisine de mon village natal où je résidais alors, était vacante depuis 18 mois. Je demandai à mon évêque qu'il voulut m'en confier le service provisoire, et même m'y nommer curé. Ce poste, quoique très modeste par le chiffre de sa population, m'offrait, vu la connaissance que j'avais des lieux et mes besoins particuliers, des avantages fort grands que j'appréciais beaucoup. Monseigneur s'empressa de me confier provisoirement le service d'Aren pour un mois entier, après lequel Sa Grandeur manifestait le désir de prendre un parti sur mon compte. Pendant ce mois j'ai donné pleine satisfaction aux gens d'Aren, qui demandèrent à l'unanimité, dans une pétition à Monseigneur, qu'il voulut bien me nommer leur curé. Le mois s'écoula sans que Monseigneur prit aucune décision ; et je me mis en règle pour continuer le service de cette paroisse avec les mêmes pouvoirs, jusqu'à que Monseigneur se fût arrêté à un parti.

Sur ces entrefaites le poste d'Urdos, paroisse plus importante, tenta mon ambition. J'y trouvais des avantages pécuniaires bien plus grands. Or, vu la pauvreté où je me trouvais par suite de la mauvaise issue de mes essais comme prédicateur, on ne pouvait pas me faire un grand crime de préférer à Aren une paroisse qui me permettrait d'arranger plus vite ma situation financière bien compromise. De plus, Urdos qui était un village à la frontière de l'Espagne était composé d'habitants plus difficiles à mener que la bonne population d'Aren. J'aurais trouvé là beaucoup d'esprits forts, bien des gens plus ou moins hostiles à la religion, ou vivant dans une indifférence pratique faite pour exercer le zèle d'un bon prêtre. Je me croyais de force à me tirer avec succès des difficultés que rencontre un curé dans un milieu mauvais, avec des gens qui n'ont pas toute la docilité désirable pour accueillir son ministère avec faveur. Il m'eût été aussi très agréable de pouvoir prouver à mes supérieurs et aussi à beaucoup de mes confrères, que si je n'avais pas pu réussir comme prédicateur, j'avais cependant des qualités suffisantes, pour mener avec succès une paroisse peut-être exceptionnellement difficile.

D'un autre côté, Urdos était sans doute un poste plus important que celui d'Aren. Mais comme il se trouve pour ainsi dire enseveli dans les montagnes, que les rapports y sont difficiles avec les villages voisins tous fort éloignés, Monseigneur se trouvait bien embarrassé pour y envoyer un curé. 3 ou 4 prêtres à qui il avait proposé ce poste l'avaient refusé. Moi je savais bien que je m'étais rendu désagréable à mon évêque et que je ne pouvais pas en espérer par conséquent de grandes faveurs, parceque 16 mois auparavant, j'avais fait des éclats publics pour obtenir, par la force, une chose que je croyais avoir le droit de revendiquer au nom de la charité. Mais comme Urdos avait été l'objet du refus des autres prêtres, je pensais qu'il n'y avait pas une grande témérité à ambitionner une desservance plus avantageuse dont plusieurs autres n'avaient pas voulu.

Je me transportai secrètement sur les lieux. Je trouvai le moyen pendant le carême de prêcher deux fois devant la population de cette commune qui se montra très satisfaite de ma personne et qui comme moi se berça de l'espoir que Monseigneur me confierait de suite le service provisoire de la paroisse, s'il ne se décidait pas à me donner immédiatement le titre de curé que lui demanda le conseil municipal par une pétition en règle. La chose paraissait d'autant plus probable, que la population d'Urdos depuis cinq mois était privée de tout service religieux et qu'elle n'avait pas même une messe basse le dimanche, à cause de son éloignement des paroisses voisines dont les curés auraient pu la servir. Ceux qui voulaient remplir le dimanche leurs devoirs religieux avaient dix kilomètres à faire, aller et retour, pour entendre une messe. Cependant Monseigneur n'accepta pas la proposition que je lui fis avec le conseil municipal d'Urdos; et je rentrai chez moi, sans songer à me plaindre du refus de mon évêque.

J'allais reprendre le service provisoire d'Aren que je n'avais abandonné définitivement, que dans le cas où Monseigneur aurait voulu me nommer à Urdos. Mais M. Lassalle, curé doyen de Ste-Marie, sous la dépendance duquel Aren se trouvait, ayant dû pourvoir à mon remplacement pour le dimanche de mon absence, ne voulut pas prendre le curé que j'avais désigné pour qu'il allât servir à ma place les gens d'Aren. Il donna des ordres au curé provisoire que j'avais remplacé moi-même, pour reprendre le service et pour ne pas permettre en aucune façon que je revinsse à Aren, pour y remplir aucune fonction ecclésiastique.

Qu'est-ce qui a poussé M. Lassalle à me dépouiller ainsi du provisoire d'Aren et à faire tout ce qui était en son pouvoir, pour que Monseigneur ne songeât plus à le contredire, en m'envoyant le titre de curé de cette paroisse dont ce curé de canton ne voulait pas absolument pour moi? Ah! je me permets de le dire ici ; M. Lassalle ne pouvait pas me pardonner, je m'en étais bien aperçu, de ce que l'année dernière j'avais cherché, comme je le fais à présent pour lui, à obtenir justice contre un acte arbitraire que je croyais avoir le droit de reprocher à un vicaire général de Bordeaux et au curé de St-Pierre de cette ville, chez qui je remplissais des fonctions sacerdotales m'assurant une existence convenable. Ces deux messieurs, par un malentendu très-fâcheux pour moi, je dirai aussi, par un acte d'étourderie du vicaire général que je ne nommerai pas, qui passait pour être beaucoup plus poëte qu'administrateur sérieux, m'enlevèrent avec une légèreté fort regrettable ma position sans aucun motif fondé de plainte et me mirent ainsi sur le carreau. 16 professeurs de morale que je consultai alors me laissèrent dans la conviction où j'étais moi-même, qu'en m'enlevant sans raison une position sacerdotale où je trouvais l'existence, on m'avait fait une injustice en vertu des lois ecclésiastiques et que j'avais le droit d'exiger réparation.

Je fis à cette occasion une brochure dans le genre de celle-ci, et je déclarai que j'étais prêt à la répandre dans les villes du département, jusqu'à ce qu'on se fut décidé à réparer la faute commise envers moi. J'envoyai un exemplaire de cette brochure à M. Lassalle, qui jusqu'à ce jour avait eu bien des bontés pour moi et m'avait porté un intérêt que je me garderais bien d'oublier, si ce curé de canton ne s'était pas conduit d'une manière indigne dans mon affaire d'Aren. Mais, ô M. Lassalle, il ne pouvait pas vous convenir que je cherchasse à faire réparer l'acte arbitraire que le vicaire général de Bordeaux et le curé de St-Pierre s'étaient permis sans penser, j'en suis convaincu, qu'ils faisaient une injustice en me destituant sans motif ! Vous vous sentiez de force, n'est-ce pas, M. le Doyen, à vous permettre des actes arbitraires beaucoup plus révoltants, et vous l'avez bien prouvé en m'empêchant de revenir auprès des gens d'Aren pour les servir même provisoirement, par le seul motif que j'avais cherché à devenir curé d'une paroisse meilleure ?

Oh, oui, je veux bien le reconnaître, votre arbitraire est beaucoup plus incompréhensible, beaucoup plus condamnable, beaucoup plus humiliant pour vous que celui des messieurs de Bordeaux. Et vous vous trouviez capable de faire de pareils abus de pouvoir, sans vous soucier en aucune façon que personne se permit de protester contre vos mesures arbitraires, je les appellerai même despotiques, et d'exiger que vous répariez vos fautes. Je comprends qu'il ne pouvait pas vous être agréable que je vous donnasse à l'avance une leçon à vous-même, en prouvant dans ma brochure de Bordeaux que les supérieurs ecclésiastiques doivent réparer l'injustice commise par des actes arbitraires, innocents ou coupables dans les intentions de leurs auteurs. Oh, oui, vous avez bien prouvé par votre conduite envers moi jusqu'à ce jour, que votre amour-propre ne consentirait peut-être jamais à se déjuger, à reconnaître que vous vous étiez trompé, que vous aviez agi par passion, par légèreté, par esprit de domination, pour sacrifier l'abbé Rachou à vos rancunes, et pour lui faire porter la peine d'avoir songé à s'entendre avec Monseigneur pour devenir curé d'Aren, sans s'être assuré au préalable que cela ne vous déplaisait point.

Oh! je l'ai bien compris, M. le Doyen, il est très flatteur pour votre amour-propre de pouvoir être comme l'évêque de votre canton, de décider à votre gré sur les destinées des prêtres vivant ou voulant vivre sous votre juridiction, d'exclure de telle ou telle paroisse tel prêtre qui ne serait pas à votre goût. Oh ! oui, voilà une ambition que j'ai le droit de croire très réelle dans votre cœur, après ce qui s'est passé pour moi et d'autres faits que je connais encore. Alors, je l'avoue, vous deviez naturellement être très irrité contre moi de ce que, tout petit prêtre comme je le suis, j'ai cherché dons ma brochure de Bordeaux à obtenir une justice que vous n'avez pas voulu consentir vous-même à me rendre en aucune façon.

Vous n'avez pas été seul, je dois le dire, à porter le décret d'ostracisme qui devait me chasser d'Aren où vous ne me vouliez pas, quoique mon évêque m'y voulut. M. Caillabot, instituteur en retraite à Aren, où il a exercé ses fonctions pendant plus de 40 ans, vous a donné un concours que je veux reconnaître devant tous mes lecteurs, comme je le lui avais d'ailleurs promis bien sérieusement. M. Caillabot est un instituteur ayant de fort belles qualités. Il jouit d'une confiance sans bornes dans la commune, pour sa probité, son intelligence et sa délicatesse dans les affaires. Seulement, cet homme très recommandable n'est pas sans défauts. Tout le monde lui reconnaît un grand esprit de domination, un désir très prononcé de n'être jamais contrarié dans ses projets ni dans ses jugements. Il a été habitué toute sa vie, d'ailleurs, à mener toutes les affaires communales d'Aren, où l'on ne trouve que des paysans n'ayant tous qu'une instruction très bornée.

J'ayais le malheur de n'avoir pas les sympathies de M. Caillabot avant de songer à devenir curé d'Aren. Dès le commencement, ce Monsieur, j'en suis sûr, m'a fait une opposition sérieuse pour que je n'arrivasse pas à Aren. Je n'étais pas l'homme de son choix. Il avait rempli un rôle très important avec l'ancien curé, vieillard vénérable qui avait des infirmités fâcheuses, et qui trouvait dans M. Caillabot un dévouement et un secours dont il ne savait pas ou ne pouvait pas se passer. M. Caillabot n'espérait point jouer avec moi dans la paroisse un rôle aussi sérieux qu'il l'aurait désiré. De plus, je le crois, il n'y a pas une sympathie naturelle entre son caractère et le mien. Voilà pourquoi M. Caillabot était très porté à vouloir pour Aren un autre curé que l'abbé Rachou. Aussi il était prêt à saisir avec ardeur la première occasion pour m'éloigner du poste à tout jamais, s'il était possible. Tout le monde le savait à Aren, et c'est ce qui est arrivé par le fait.

Lorsque le maire de cette commune eut appris par une de mes lettres que je ne serais pas à Aren le dimanche où j'étais à Urdos, M. Caillabot fut chargé de voir si le curé du canton voulait envoyer pour me remplacer le curé de Géronce que j'avais désigné moi-même. Mais il était bien décidé à faire tout ce qu'il pourrait, je serais en mesure de le lui prouver, pour profiter de l'incident d'Urdos, afin qu'il ne fut plus question de me donner la cure d'Aren. M. Caillabot n'eût qu'à obéir à sa nature ardente et passionnée pour porter fortement le curé de Sainte-Marie à prendre, s'il était possible contre moi, des mesures qui me fermassent pour toujours la porte de la sacristie d'Aren.

M. Lassalle, qui nourrissait aussi des rancunes bien vives contre ma personne, comme il l'a prouvé par sa conduite, n'eut pas de peine à se laisser persuader par M. Caillabot.

Et il fut vite convenu entr'eux, sans doute, qu'on trouverait le moyen de ne plus me laisser travailler comme prêtre à Aren. C'est alors que M. Lassalle écarta le curé de Géronce qui était l'homme de mon choix, et nomma le curé de Préchacq qui faisait le service provisoire d'Aren avant moi, mais avec la défense formelle de me laisser reprendre mes fonctions à mon retour d'Urdos.

Voilà le tour de force de M. Lassalle. Je dis avec hardiesse qu'il ne lui fait pas honneur, et je vais démontrer qu'il contient une véritable injustice à mon égard.

III — La mesure de M. Lassalle est une injustice, même un acte de barbarie.

M. Lassalle, en m'enlevant ainsi le provisoire d'Aren m'a fait une injustice. Car dès le moment que je tenais ce provisoire de mon évêque qui était décidé à me nommer curé de cette paroisse avant mon départ pour Urdos, — M. Lassalle le savait, mais moi je l'ignorais — j'avais droit à ce que personne ne m'enlevât ce provisoire et ne me mit dans l'impossibilité d'obtenir cette cure. Admettons que parce que j'avais abandonné les gens d'Aren qui m'avaient demandé à Monseigneur pour leur curé, j'avais perdu le droit de le devenir, puisque j'avais essayé de me faire nommer pour une paroisse meilleure. Mais je n'étais pas devenu indigne pour cela de reprendre le service provisoire qui donnait pleine satisfaction aux habitants d'Aren. D'ailleurs, si ceux-ci devaient me pardonner d'avoir eu l'ambition de devenir curé d'Urdos, s'ils devaient s'estimer très heureux que malgré cela Monseigneur m'eut fait leur curé, est-ce M. le curé de canton qui devait s'opposer à ce que les désirs des habitants de cette commune fussent satisfaits? Moi je me croyais très sûr, connaissant la confiance et l'estime que j'avais inspirées pour ma personne à toute la paroisse, que je me ferais pardonner très facilement d'avoir cherché à devenir curé d'une commune beaucoup plus avantageuse. Car les paysans comprennent sans peine que chacun cherche son mieux. Eux-mêmes ne se font pas scrupule d'abandonner une affaire, un achat, une vente qui n'ont rien de définitif, s'il se présente quelque chose de plus avantageux pour eux.

Les habitants d'Aren, d'ailleurs, n'avaient pas de grandes prétentions. Comme leur paroisse est une des plus petites du diocèse quoiqu'elle soit fort bonne, comme elle est d'un service très aisé, ils ne s'attendaient pas à être servis avec tout autre prêtre que Monseigneur leur enverrait aussi bien qu'ils se promettaient de l'être avec l'abbé Rachou. Par le fait, aussitôt après mon retour d'Urdos, je trouvai à peu près tous les habitants très désireux de m'avoir de nouveau pour curé, très désireux surtout de me voir reprendre le service provisoire. Car ils n'aimaient pas du tout le curé que M. Lassalle désigna pour faire le travail qu'il m'enlevait, par la raison principale, je pense, qu'ils étaient généralement convaincus, bien à tort à mon avis, que ce curé, qui avait déjà fait le provisoire pendant dix-huit mois, était cause que Monseigneur ne leur avait pas déjà donné à eux-mêmes un curé et qu'il voulait annexer leur église à la sienne, comme elle l'était autrefois, pour avoir une population plus importante et par là de plus grands avantages pécuniaires. Cette supposition n'était nullement fondée d'après moi ; mais elle n'en était pas moins vivace ni moins passionnée dans l'esprit de presque tous les habitants d'Aren.

Dans cet état de choses, les gens d'Aren se trouvaient très heureux que je n'eusse pas réussi à devenir curé d'Urdos et qu'ils pussent se promettre encore de m'avoir pour curé. Voilà pourquoi les membres du Conseil municipal, connaissant les dispositions très favorables de la commune envers moi malgré mon voyage à Urdos, adressèrent à la presque unanimité à Monseigneur deux pétitions à dix jours d'intervalle, pour qu'il voulût bien de nouveau me charger du service provisoire, s'il ne voulait pas consentir à me nommer leur curé.

Aussi, M. Lassalle, je vous le dis avec hardiesse, et je le déclare avec assurance à mes lecteurs, vous avez fait un acte de barbarie en décidant avec une précipitation qui ne vous honore pas, que je devais rester chez moi sans rien faire, comme si j'avais commis quelque grand crime, quoique Aren fût là pour me faire reprendre un travail que je faisais tout-à-fait au goût de la population, et quoique les braves gens d'Aren fussent ainsi condamnés à souffrir de nouveau avec leur ancien curé provisoire dont il ne voulaient en aucune façon. Oui, oui, vous avez été barbare en condamnant un prêtre digne à ne rien faire, tandis qu'il pouvait travailler utilement et avec les sympathies de tous, et en condamnant de plus une population très intéressante qui avait été très mécontente pendant dix-huit mois du service qu'elle avait, à souffrir, encore, jusqu'à ce que Monseigneur, manquant de sujets, pût lui envoyer quelqu'un à la place de l'abbé Rachou, que votre rancune et votre jalousie d'autorité faisaient chasser brutalement de la paroisse d'Aren.

Oh, M. Lassalle, ce n'est pas là un haut fait d'armes pour vous ! Il ne faudra pas l'écrire en lettres d'or dans les fastes de votre vie sacerdotale !

Moi je vous répète, avec l'indignation dans l'âme, que votre mesure de rigueur si incompréhensible a été pour moi une grande injustice. Car ce n'était pas à vous à m'enlever ce que je tenais de la bonté de mon évêque. Ah certes, je ne soupçonnais point qu'il ne suffisait pas pour arriver à Aren de m'en entendre avec Monseigneur, de me concilier sa bienveillance, de lui faire bien connaître toutes les raisons que j'avais de préférer ce petit poste à bien d'autres qu'on aurait pu me donner. Je ne pensais pas que, tandis que mon évêque était décidé à donner satisfaction à mes désirs et à me faire une faveur à laquelle j'attachais une grande importance, le curé de canton, dont je ne me préoccupais nullement, serait aux aguets et profiterait du plus léger prétexte pour annuler les dispositions bienveillantes de mon évêque pour moi et m'enlever de sa propre autorité ce que mon évêque était très décidé à m'accorder.

Oui, M. Lassalle, en me dépouillant du provisoire d'Aren, vous avez violé le droit que j'avais de le conserver, puisque j'étais d'accord pour cela avec mon évêque. Et en prenant, comme vous l'avez fait, des mesures efficaces pour que je ne pusse pas le reprendre à mon retour d'Urdos, vous m'enleviez toute chance de devenir curé d'Aren, à moins que Monseigneur ne vous fît l'affront de contredire la volonté que vous aviez manifestée très haut, de ne plus me laisser reparaître à Aren, ni pour le service provisoire, ni moins encore pour y être curé. C'est là, M. le Doyen, une injustice manifeste. Je vous la reproche avec hardiesse pour faire monter, s'il est possible, la rougeur à votre front, et vous décider à user de votre influence pour que je ne sois pas obligé de reprodnire ces plaintes en beaucoup de villes et devant beaucoup de lecteurs.

IV. — Je pouvais exiger réparation de l'injustice de M. Lassalle.

Car toute injustice demande une réparation. La raison comme la religion exige que, si on a fait du tort à quelqu'un, on le dédommage. ; que si une faute a été commise, elle soit expiée par le supérieur qui l'a faite et non par l'inférieur qui n'y a pas donné lieu. La raison comme la religion dit encore que celui qui a reçu une injustice peut exiger de son auteur qu'il lui donne des compensations dans la mesure du possible. J'avais donc le droit, mais j'en ai usé sans succès, de demander à M. Lassalle de réparer sa faute en me faisant reprendre le provisoire d'Aren qu'il n'aurait pas dû songer à m'enlever, puisque je le tenais de notre évêque et non de lui. J'avais le droit de lui dire encore, comme je me le suis permis, que s'il réussissait à m'empêcher de devenir curé d'Aren et si, à la place de ce poste, il ne m'en obtenait pas un qui eut pour moi des avantages équivalents, je lui ferais porter la peine de l'injustice qu'il m'avait faite, en m'enlevant sans motif la possibilité morale de devenir curé d'une paroisse ayant de grands avantages pour moi.

Oui, il est dans l'ordre que celui qui n'a pas réparé une injustice dont il s'est rendu coupable, soit passible de dommages pécuniaires ou autres pour compenser le tort qu'il a causé. Il ne faut donc pas que même les supérieurs puissent se moquer impunément du droit, des intérêts et des biens légitimes de leurs inférieurs. D'après l'enseignement catholique, Dieu punit pour chaque péché dont ses créatures se rendent coupables, à moins qu'il ne soit expié par le repentir. A son exemple, les hommes peuvent aussi châtier ceux qui ont porté atteinte à leurs droits et qui ne veulent pas accorder des satisfactions convenables. Ah ! sans doute, il est dur pour un supérieur, pour un curé de canton, n'est-ce pas, M. Lassalle, d'avoir à compter avec un inférieur et à lui payer jusqu'à un denier l'injustice qu'il lui a faite. Mais il est dur aussi pour un inférieur, croyez-le bien, Monsieur, de se voir victime d'un acte de vengeance, de rancune, de la part d'un curé de canton. Il est dur de n'avoir d'autre consolation que de se résigner en silence, lorsqu'un supérieur s'est inspiré des passions de l'orgueil, de l'esprit de domination, de la jalousie d'autorité, pour faire payer à un prêtre digne et sans reproche, le malheur de ne lui être pas agréable et d'avoir cherché à obtenir d'un supérieur plus élevé un avantage important, sans avoir songé à lui demander son consentement et son concours.

Ah! je le sais, j'aurais pu faire acte d'abnégation, et beaucoup de gens me l'ont conseillé. J'ai examiné bien des fois devant le bon Dieu, si je devais renoncer à mon droit, m'inspirer de l'exemple de tant de saints qui, selon les conseils de l'Evangile, présentaient la seconde joue à celui qui leur avait donné un soufflet à la première. Mais la conscience et des inspirations intérieures m'ont poussé à autre chose. Je me suis dit que s'il est très louable de faire abandon de ses droits, il est bon aussi de contribuer au triomphe de la justice et de faire bien comprendre, s'il le faut, aux supérieurs ecclésiastiques, qu'ils n'ont pas le droit de rester impunis, s'ils ont commis des fautes à l'égard des inférieurs et que ceux-ci exigent réparation.

Quant à moi je suis convaincu qu'en France surtout, les évêques s'exagèrent bien des fois dans la pratique les droits de leur autorité, et qu'ils se prévalent plus que ne le permettent la religion et la morale chrétienne, de tous les moyens d'intimidation dont ils disposent, pour que les prêtres ayant à se plaindre de leurs actes n'osent pas exiger qu'ils respectent leurs droits. Ah! certes, au milieu de toutes les contradictions que j'ai rencontrés dans le projet très ferme que l'on me connaissait depuis longs jours d'exiger que l'on ne me rendit pas victime de mon amour de la justice, j'ai compris que les hommes du monde, que les prêtres eux-mêmes ne croient pas assez à la vertu efficace des principes de la morale véritable et des exigences de la religion, pour obtenir des supérieurs qu'ils mettent un frein au penchant très prononcé qui les porte à se permettre impunément des actes d'arbitraire, d'injustice, de déspotisme même.

Cependant je me hâte de le dire, je ne crois pas que ces abus de pouvoir soient aussi fréquents dans les évêques que chez les autres supérieurs laïques. Parce que la religion qu'ils connaissent parfaitement et les sentiments vifs de vertu dont il sont remplis les portent plus que les autres hommes à la bonté, à la douceur, à l'amour de leurs inférieurs, au respect des grands principes de morale qu'ils

recommandent très souvent aux autres. Cependant ces abus
sont certainement dans l'administration des évêques, toujours plus nombreux qu'il ne le faudrait et que surtout
l'Evangile n'autorise. Voilà pourquoi je crois obéir à Dieu,
et cela me donne un courage indomptable, en me plaignant de
toutes mes forces des rigueurs imméritées qui m'atteignent,
en demandant qu'on ne poursuive pas en moi l'homme pas-
sionné pour le triomphe du droit et de la justice, en voulant
à tout prix faire prévaloir le principe que les évêques et
autres supérieurs n'ont pas le droit d'échapper au châtiment du mépris public, s'ils ne veulent pas réparer une
injustice évidente dont ils se sont rendus coupables envers
quelqu'un de leurs prêtres, que ce soit de propos délibéré,
ou bien par une surprise de la nature.

Aussitôt que j'eus appris ce qu'avait fait M. Lassalle pour
m'empêcher de reprendre le service provisoire d'Aren, je
criai à l'injustice. Je sentis se réveiller et se mouvoir très
fortement dans mon âme la passion du droit que d'autres
épreuves m'avaient déjà inspirée. Je déclarai avec hardiesse
à mon évêque que si M. Lassalle, qui m'avait chassé d'Aren,
ne m'y faisait pas rentrer pour servir la paroisse tant qu'il
n'y aurait pas un curé, j'irais me plaindre dans les rues de
nos villes de ce qu'on voulait me rendre victime de l'injustice, d'un acte de barbarie, de rancune, de vengeance d'un
curé de canton ; de ce que des supérieurs ecclésiastiques ne
voulaient pas se conduire d'après la religion qu'ils prêchent
aux autres ; de ce qu'ils ne voulaient pas réparer, tandis
qu'ils le pouvaient facilement, une injustice qu'ils avaient
commise envers moi. Monseigneur s'empressa de me faire
savoir que de pareilles menaces ne lui plaisaient pas du tout ;
et que du premier moment où je les exécuterais je tombe-
rai sous la suspense, c'est-à-dire que je serais, privé du
pouvoir de dire la messe.

V. Serai-je le pot de terre se brisant contre
le pot de fer ?

Un pareil langage de mon évêque ne m'effraya point. Car
je me croyais très fondé dans mes réclamations comme dans

mes menaces ; et depuis longtemps j'ai une confiance très-grande dans la toute-puissance du droit et de la vérité. On m'a dit bien des fois que ma résistance aux désirs de mon évêque serait une folie, que je renouvellerai l'histoire du pot de terre se brisant contre le pot de fer. Mais j'ai répondu à cela que moi, tout petit prêtre que je suis, avec mon droit, avec mon courage et la prudence que je me suppose pour agir, je serai le pot d'airain luttant contre le pot de fer, que par conséquent la victoire devra me rester. Oui, mon droit, pourvu qu'il soit réel, me met au-dessus de mon évêque. Ma personne lui est très inférieure sans doute ; mais mon droit est au-dessus de lui, il est plus fort que lui, il lui dicte les lois. Il doit donc l'accepter, le respecter tel qu'il est. Il n'est pas en son pouvoir de le mettre de son côté, tandis que les lois éternelles de la justice le mettent du mien. Car le droit à la justice, non seulement pour le prêtre mais pour chaque homme quel qu'il soit, pour le plus pauvre comme pour le plus riche, est fondé sur les lois immuables de la justice divine qui en sont le type premier et indestructible.

De plus un évêque, qu'on le remarque bien, ne peut pas permettre qu'on lui reproche de ne pas agir selon la justice, de ne pas respecter les droits réels de ses inférieurs, parce qu'alors il laisserait entendre par sa conduite qu'il ne croit pas à la morale qu'il prêche, qu'il ne fait que de l'hypocrisie, en recommandant la pratique d'une religion qu'il ne trouve pas à propos d'observer lui-même. Ah ! je le dis sans hésiter, si j'appartenais à une administration autre que l'administration ecclésiastique, si j'avais à me plaindre de n'importe quel supérieur laïque, je n'oserais pas espérer le triomphe de mon droit. Tous mes efforts pour obtenir par la force qu'on me traitât selon la justice se briseraient, je le crois, contre le parti-pris de mes supérieurs qui ne voudraient pas capituler devant mes exigences. Que j'allasse parler de morale, de lois de charité et de justice, de respect dû aux hommes dignes, à d'autres supérieurs qu'à des évêques ou des prêtres, et qu'en vertu de ces grandes choses je demandasse qu'on respectât mes droits, la plupart des supérieurs dont je me plaindrais m'enverraient promen'er. Ils se contenteraient de me dire qu'ils sont les maîtres, qu'il ne leur plaît pas d'écouter mes réclamations, et ils paraîtraient n'éprouver aucun remords de se mettre dans leur conduite en contradiction avec les lois morales que que j'invoquerais en ma faveur.

Mais les évêques ne peuvent pas agir avec la même liberté, le même sans-façon. Ils sont les représentants très élevés de la morale, du devoir, de la conscience. Ils doivent prêcher à tous, qu'un chrétien ne doit pas attendre pour remplir ses devoirs et rendre à chacun ce qui lui est dû, qu'on puisse l'y forcer en ayant recours aux tribunaux et à la force armée ; qu'il suffit qu'une obligation existe envers ses semblables, pour que tout homme désireux de suivre sa religion s'empresse de la remplir, quand même les intéressés ne pourraient pas l'y contraindre. Les évêques et les prêtres n'inspirent confiance et ne conservent sur les peuples cet ascendant, ce prestige qui leur est si utile pour le bien de la religion, qu'autant qu'ils se montrent les hommes du devoir et de la conscience, qu'autant que leurs actes ne paraissent pas en opposition avec leurs paroles, qu'autant surtout qu'on ne peut pas leur reprocher de faire supposer par leur conduite qu'ils ne sont que des comédiens, des hommes ne croyant pas aux devoirs qu'ils enseignent aux autres.

Un évêque doit donc se montrer beaucoup plus délicat, plus scrupuleux que les autres hommes envers les obligations morales que la raison et la religion lui imposent. Il ne peut pas dire, comme les supérieurs laïques, qu'il se moque de la morale, qu'il n'a que faire des lois de charité et de justice, et qu'il lui suffit d'être le maître, pour ne pas supporter que ses inférieurs lui demandent avec hardiesse de remplir ses devoirs et de reconnaître leurs droits.

VI. Comment j'ai été me plaindre à Orthez.

Je ne fus pas effrayé, je l'ai déjà dit, par le langage de mon évêque qui me menaçait de la suspense, si je produisais mes plaintes contre M. Lassalle. Je me déterminai au contraire à me constituer le champion invincible du droit,

2

comme je m'empressai de l'écrire à mon évêque, et à donner
un exemple frappant, si on m'y obligeait, pour démontrer
qu'on peut forcer les évêques et les curés de canton à rendre les armes devant les réclamations légitimes et coura-
geuses d'un simple prêtre.

Plusieurs fois j'eus soin d'avertir Monseigneur que j'étais
très résolu à me plaindre dans les rues des villes dans le
sens que je l'ai exposé; que je demanderais, tant que la
paroisse d'Aren serait vacante, qu'on me rendît le provisoire
dont M. Lassalle m'avait dépouillé sans motif; que si Monseigneur, comme c'était son droit, nommait à Aren un
autre curé que moi, je ne permettrais pas qu'il me punît de
mon courage à demander que M. Lassalle réparât son injustice à mon égard tant qu'il le pouvait.

Voilà les prétentions que je montrais à mon évêque et je
suis très convaincu aujourd'hui, comme je l'étais alors,
qu'elles n'avaient rien d'exagéré, rien qui sortît des limites
de mon droit.

Avant de produire nulle part les plaintes dont je parlais,
j'ai voulu avoir un entretien tête-à-tête avec mon évêque. Ah!
j'aurais désiré très vivement que mon affaire s'arrangeat,
sans avoir à faire des éclats toujours très fâcheux. Je me
transportai un jour à Lagor, ville de canton où Monseigneur
confirmait. Je parlai en effet à sa Grandeur; mais nous ne
pûmes pas tomber d'accord. Monseigneur ne voulait pas
que j'exigeasse que M. Lassalle réparât sa faute. Et moi je
voulais à tout prix faire triompher le droit et montrer par
un exemple, que les curés de canton ni les évêques n'ont pas
le droit de se moquer impunément des prêtres qui ont le
courage d'exiger justice.

Le lendemain je suivais mon évêque à Maslacq, et je char-
geais le curé, qui est devenu doyen depuis lors, de se faire
mon avocat auprès de mon évêque. Il accepta très volon-
tiers, et Monseigneur lui dit : « Mais l'abbé Rachou est un
« prêtre que j'estime, que j'aime beaucoup. C'est un bon
« prêtre, je lui veux du bien. Seulement qu'il me donne la
« possibilité de lui en faire. Il veut me forcer la main, je ne
« veux pas de ça. Qu'il se retire tranquillement chez lui.
« Qu'il attende dans le calme et la modération le moment

« où je trouverai bon d'exécuter mes dispositions bienveil-
« lantes pour lui. »

Voilà les paroles très flatteuses pour moi que Monseigneur
prononça devant le curé de Maslacq. Je ferai remarquer
que mon évêque me jugeait alors, c'est-à-dire il y a six
mois, fort bon prêtre, bien digne de sa bienveillance, bien
en état d'occuper un poste. Mais il ne voulait pas qu'il fut
question d'obtenir que la faute de M. Lassalle fut réparée.
Et moi je le voulais absolument. J'avais commencé ma
campagne pour faire triompher le droit, pour donner une
leçon aux supérieurs ecclésiastiques qui se jouent trop facilement, comme M. Lassalle, des destinées et des intérêts
des petits prêtres. Et je me sentais de force à arriver
jusqu'au bout.

C'est en vain que je déclarai à Monseigneur que j'allais
tout de suite me transporter à Orthez, ville d'arrondisse-
ment, pour y faire les manifestations que j'avais annoncées.
Mon évêque ne tint pas compte de mes avertissements. Le
29 mai dernier, je commençais mes allocutions publiques
dans les rues de cette ville. Une clochette à la main, j'atti-
rais facilement l'attention et je piquais la curiosité des habitants. Et lorsque j'apercevais un auditoire assez nombreux, je disais pourquoi je me voyais forcé de produire
mes plaintes en public. Je me plaignais de ce qu'on voulait
me rendre victime de l'injustice, d'un acte de barbarie, de
vengeance, de rancune de M. Lassalle. Je faisais comprendre
qu'il était malheureux que les supérieurs ecclésiastiques
préférassent le scandale, plutôt que d'agir envers moi
comme la raison, la conscience et la justice le demandaient.
J'affirmais en même temps avec énergie et une conviction
profonde, que je voulais à tout prix abattre l'arbitraire et
faire triompher mon droit; que s'il le fallait je colporterais
mes plaintes dans des centaines de villes et que partout je
reprocherais à mes supérieurs de ne vouloir pas se conduire
d'après la religion qu'ils prêchent aux autres, de ne vouloir
pas pratiquer les devoirs que la charité, la justice et le respect des hommes dignes leur imposaient.

Voilà le thème invariable que j'ai développé sous diverses
formes et avec des variantes de langage, comme de mouve-

ments oratoires, jusqu'à 83 fois en neuf jours différents, dans les divers quartiers de la ville d'Orthez. Il y a eu pendant ce temps plusieurs jours de repos, parce que divers incidents se sont produits. J'ai espéré plusieurs fois arriver à mon but, et je le désirais ardemment, sans avoir à renouveler mes discours dans les rues d'Orthez. Je prenais patience alors, j'écrivais à Monseigneur et je lui donnais le temps de me répondre pour me faire des propositions propres à terminer mes démontrations publiques.

Après avoir fait ma 83e allocution publique, j'appris par un habitant d'Aren, mais non par mes supérieurs, qu'un curé avait été nommé pour cette paroisse. Par conséquent, je ne pouvais plus demander à reprendre le provisoire de cette commune, dans l'espoir bien entendu d'avoir le définitif, vu les moyens efficaces que je comptais employer pour cela. La prudence donc me demandait de ne plus continuer mes plaintes devant les habitants d'Orthez et je m'arrêtai à ce parti.

Avant d'aller plus loin. je veux rendre cette justice à mon évêque, qu'il a usé de tous les moyens, fait jouer tous les ressorts pour amener l'autorité civile à me faire fermer la bouche. Les gendarmes ont été pressés d'agir contre moi. Il y a eu plusieurs lettres échangées sur mon compte entre Monseigneur et le Sous-Préfet d'Orthez. Et celui-ci m'a dit que le Ministre de l'intérieur lui avait écrit à mon sujet. J'ai tout lieu de croire que d'autres personnages officiels ont été invités à donner leur concours contre l'abbé Rachou. Mais mes plaintes n'amenaient aucun désordre dans les rues d'Orthez. Elles ne constituaient aucun délit qu'on eut le droit de frapper. On se trouvait donc désarmé pour donner une satisfaction légale aux réclamations de Monseigneur Ducellier.

D'ailleurs, si les gendarmes ou les tribunaux avaient voulu m'imposer silence, j'étais prêt à demander à tous et partout, et pour cela j'irais s'il le fallait jusqu'en cassation, et je demanderais partout si la force armée et les tribunaux sont établis pour que la force brutale puisse écraser le droit, pour que les supérieurs puissent impunément se moquer de leurs inférieurs et donner aux peuples le spec-

tacle du mépris insolent des grandes lois morales qui font
vivre et prospérer les sociétés.

VII — Monseigneur n'avait pas le droit de maintenir l'interdit contre moi.

Au moment où mon manuscrit est confié à l'imprimeur,
voilà à peu près cinq mois que mon évêque m'empêche
de dire la sainte messe, et je puis dire avec assurance
qu'il le fait sans en avoir le droit.

Je dois pourtant fare connaître tout ce qui se passe et ce
qui peut plaider en faveur de mon évêque. Car je le dis
avec bonheur, j'aime, je vénère et j'estime mon évêque.
La nature m'a tellement fait que je sais pas en vouloir à
mes contradicteurs, ni oublier les droits qu'ils ont à mon
estime, à mes respects, à mes honneurs. Les sévérités que je
puis reprocher à Monseigneur Ducellier ne m'empêchent
pas de rendre hommage à ses qualités éminentes.

Oui, Monseigneur Ducellier est un très bon, un très digne
évêque ; il est aussi très intelligent, très actif et très habile
administrateur. Il a tout ce qu'il faut pour faire aimer et
bénir son administration, et aussi pour réaliser un grand
bien dans son vaste et beau diocèse. Mais cela ne lui donne
pas le droit de traiter l'abbé Rachou avec des rigueurs
qu'il ne mérite point, parce que son indépendance, quoique
toujours respectueuse, ne lui est pas agréable. Non, Monseigneur, parce que vous êtes bon, paternel pour vos prêtres
en général, vous n'acquérez pas le droit de déroger aux
inclinations de votre caractère et aux habitudes de votre
administration, pour poursuivre tel prêtre en particulier,
au-delà des limites que vous permettent la charité et la
justice.

Je dirai donc pour expliquer un peu la conduite de
Monseigneur envers moi, qu'après avoir terminé ma campagne d'Orthez, je me suis vite décidé à laisser en suspens
la querelle avec mon évêque, et que j'ai résolu de faire
une brochure à laquelle je croyais avoir trouvé le secret
de donner une très grande publicité, et où j'aurais fait
prévaloir le principe de l'appel à la conscience publique,

comme je l'ai pratiqué à Orthez, lorsqu'on veut avoir raison de supérieurs portés à ne pas tenir compte des droits réels de leurs inférieurs.

J'ai tout lieu de croire que si Monseigneur Ducellier a maintenu la suspense contre moi jusqu'au 15 octobre dernier depuis le 1er juillet, c'est parce qu'il ne lui plaisait pas que je publiâsse cette brochure destinée à être certainement fort peu agréable à un grand nombre d'évêques de France. Monseigneur Ducellier a cru, je le suppose, qu'il devait user de toute son influence, de tous ses moyens d'action, pour me détourner de faire paraître une pareille brochure. Voilà pourquoi il a dû probablement se faire un devoir de ne pas lever la suspense qui pèse sur moi depuis si longtemps.

Mais mon évêque avait-il bien le droit de m'enlever l'autorisation de dire la messe, parce que je voulais répandre dans le public, avec autant d'éclat que je pourrais, des idées vraies, conformes aux exigences du droit et de la justice ? J'affirme avec assurance que non. Car Monseigneur Ducellier savait que j'ai consulté 28 professeurs de morale de différents grands séminaires de France, et le pape lui-même par plusieurs lettres, pour m'assurer que je ne me trompais pas en soutenant qu'un prêtre victime d'une injustice, comme moi, peut, après avoir averti les intéressés qui se refusent à lui accorder des réparations convenables, se plaindre publiquement, et par la voie de la presse, et par le moyen de plaintes proférées devant un grand nombre d'auditeurs, comme je l'ai fait tant de fois à Orthez. Après tous les moyens que j'ai pris et toutes les instances que j'ai faites et dont Monseigneur a eu connaissance, pour provoquer la condamnation de ce principe si peu propre à faire plaisir aux évêques en général, Monseigneur Ducellier ne pouvait pas me poursuivre de ses rigueurs à cause de ma brochure. Car, après avoir consulté tant d'autorités, j'avais le droit de croire que je n'étais pas dans l'erreur, que ma brochure, par conséquent, n'enseignerait rien d'opposé aux droits des évêques.

Il est vrai, j'en conviens, que j'avais annoncé pour cette brochure un titre fait pour inspirer des craintes et des préoccupations à mon évêque. Il pouvait redouter que tout en exposant et en défendant la vérité, je ne disse des choses propres à nuire à l'honneur du clergé en général et par là au bien de la religion. Mais j'avais dit et répété à mon évêque que je voulais absolument traiter mon sujet, de manière que le clergé ni la religion n'en éprouvassent aucun dommage ; que si plusieurs prêtres graves et intelligents que je voulais consulter étaient d'avis de ne pas publier mon travail, j'aurais le courage d'y renoncer.

Par le fait, après avoir achevé la composition de cette brochure, j'ai voulu savoir si des prêtres bien dignes de ma confiance en désapprouveraient la publication. Les sentiments ont été partagés. Les uns trouvaient que je pouvais accomplir mon idée sans inspirer à mes lecteurs des préventions fâcheuses. D'autres ont été d'un avis contraire. Je me suis décidé alors, pour me mettre à l'abri de tout reproche et pour éviter tout désagrément, à envoyer mon manuscrit à Rome. J'ai déclaré que je ne publierais pas ma brochure si le Souverain Pontife me faisait savoir qu'il en désapprouvait le langage. Le Saint Père m'a fait défendre par le Nonce de Paris de livrer à la presse mon travail, non pas qu'on le remarque bien, parce que les idées que j'exposais étaient contraires à la vérité ou au droit des évêques, mais parce que la lecture de mon imprimé aurait pu porter préjudice aux sentiments religieux de mes lecteurs et surtout fournir aux ennemis de la religion des prétextes pour se raffermir dans leurs préventions passionnées contre les prêtres et les évêques.

Aussitôt que Rome m'a fait connaître sa volonté, je me suis soumis avec une docilité d'enfant. Et il n'est plus question de publier la brochure qui m'a valu, je n'en doute point, la prolongation des sévérités de Monseigneur pour m'interdire la célébration de la messe.

Mais je le ferai observer, mon évêque qui connaissait ma volonté bien arrêtée de ne pas publier mon œuvre, si elle devait être nuisible aux intérêts de la religion, n'avait pas le droit de me tenir sous la suspense, parce que je voulais faire triompher des vérités très réelles au fond, avec la con-

fiancé que je trouverais le moyen d'en rendre la publication
inoffensive pour mes lecteurs.

Sans doute, je veux bien l'accorder, si mon évêque a eu
l'intention bien arrêtée, que j'aime à lui supposer, de me
compenser au besoin les pertes pécuniaires qu'entraînerait
la privation du saint sacrifice, sa conduite n'est plus sérieusement blâmable et elle peut être excusée fort bien, par le
désir qu'il avait d'obliger ses frères dans l'épiscopat, en ne
laissant pas publier le droit que je veux faire triompher,
d'attirer le mépris public sur les injustices que les supérieurs ecclésiastiques s'obstineraient à ne vouloir pas réparer. Mais si Monseigneur Ducellier, en maintenant la suspense, n'était pas disposé à me dédommager des pertes
pécuniaires qu'il me causerait, en les prolongeant pour ce
motif, je répète que sa conduite est de l'arbitraire, qu'elle
renferme une injustice manifeste, un mépris fort condamnable, des droits très sacrés qu'a tout prêtre de célébrer,
s'il n'en est pas réellement indigne.

VIII. — J'ai des droits de charité et de justice contre Monseigneur

J'ai dit plus haut que mon évêque m'a fait savoir plusieurs
fois que tant que je voudrais lui forcer la main, je n'obtiendrais rien de sa part, pas même de pouvoir célébrer la
sainte messe. Oh ! il devra bien oublier une pareille détermination qui n'est qu'un détestable despotisme, un mépris
très certain et très condamnable des droits que j'ai à la
charité, à la justice de mon évêque ! Oui, Monseigneur
Ducellier me fait une injustice manifeste, en voulant me
rendre victime de ma campagne d'Orthez et en ne voulant
rien m'accorder, pas même de dire la sainte messe, tant que
je voudrai lui forcer la main. Je vais tâcher de rendre la
chose évidente pour les esprits les plus bornés. Et je com-
mence à établir que mon évêque, tout élevé qu'il est au-
dessus de l'abbé Rachou, a des devoirs très sérieux de
charité et de justice à observer envers lui.

Nous sommes frères, tous tant que nous sommes. Nous
avons tous la même nature ; nous nous sentons tous, sur

les choses essentielles, les mêmes désirs, les mêmes besoins, les mêmes aspirations que nous voulons satisfaire. Nous courons après le bonheur par un penchant indestructible de notre être, et nous voulons tous ardemment être aimés de nos semblables. Car nous comprenons par instinct que ceux qui nous entourent ne nous feront du bien qu'autant qu'ils nous aimeront. Voilà pourquoi nous convenons sans peine que nous devons réellement, chacun de nous, nous faire un devoir d'aimer nos semblables. Car comment pourrions nous exiger que les autres se croient obligés de nous aimer, s'ils pensaient qu'à notre tour nous ne voulons pas accepter le devoir de l'amour en leur faveur? Aussi, Dieu, créateur et conservateur de tous les hommes comme de tout le reste de l'univers, désirant que toutes ses créatures. vivent dans la paix et présentent un spectacle digne des regards de leur auteur, a gravé profondément dans nos âmes la loi de l'amour fraternel et il nous rappelle les exigences de cette loi par les enseignements de sa religion.

Ajoutons qu'au point de vue surnaturel les hommes ont des liens de fraternité plus étroits et plus sacrés. D'après les enseignements de la foi catholique, nous sommes tous les enfants par adoption du même Père céleste, qui veut partager avec nous dans le ciel sa gloire et son bonheur, et qui, pour nous rendre dignes de si sublimes destinées, nous a donné le moyen, par la rédemption de son divin fils et par la communication de sa grâce, de nous assimiler sur la terre la nature même et les perfections de notre Dieu et de rendre ainsi notre âme réellement digne de ses munificences infinies.

Aussi l'Evangile nous recommande partout de vivre comme les enfants du même Dieu, de nous aimer, de nous faire du bien, comme des êtres en qui la foi nous fait trouver les titres les plus sacrés au respect, à la charité, au dévouement, à la générosité. Voilà pourquoi la religion nous crie, comme la nature, qu'il faut aimer le prochain, qu'il ne faut pas faire à autrui ce que nous ne voudrions pas pour nous-mêmes.

Voudrait-on admettre que les supérieurs ecclésiastiques, les évêques en particulier, sont dispensés de pratiquer la loi de la charité fraternelle? Cela n'est pas possible. Car nous savons que les petits sont très portés à régler leur conduite sur l'exemple des grands ; qu'ils se scandalisent bien vite des oublis et des faiblesses qu'ils aperçoivent dans les hommes qu'ils croient plus capables qu'eux d'apprécier sainement les choses. Par conséquent le Créateur devait exiger que les hommes élevés au-dessus de leurs semblables par la supériorité de leur intelligence, ou par l'éclat de leur dignité, ou même par leur position de fortune, se montrent plus scrupuleux observateurs des lois morales, plus délicats pour respecter les droits, les biens et la dignité des hommes. Peut-on surtout se faire à l'idée que les évêques constitués par état les défenseurs les plus autorisés du devoir, de la conscience, de la religion, des vertus sociales et religieuses, soient dispensés de montrer dans leur conduite le respect des lois qu'ils doivent travailler de toutes leurs forces à faire aimer et pratiquer par tous les hommes?

Aussi personne ne voudrait soutenir que Mgr Ducellier n'est pas obligé d'aimer l'abbé Rachou comme un de ses prêtres, comme il voudrait à ma place être aimé lui-même ; qu'il n'est pas tenu de me faire du bien comme aux autres, du moins s'il n'a rien à me reprocher; qu'il peut se permettre de me refuser à moi ce qu'il se fait un devoir d'accorder aux autres, s'il ne peut pas trouver dans ma personne rien qui me rende indigne de ses faveurs. Non, la charité chrétienne ne donne pas à mon évêque le droit de me frapper d'ostracisme, de me renier en quelque sorte, uniquement parce que je lui ai déplu, parce que j'ai affiché pour la justice et pour le respect de mes droits, un amour, un zèle, un courage inébranlable qu'il n'aurait pas voulu trouver en moi.

IX. — Monseigneur me fait une injustice en m'empêchant de célébrer et en me refusant un poste.

J'ajoute que la justice fait un devoir à mon évêque, et de me rendre au plus tôt la liberté de dire la messe, et de me donner une cure, aussitôt qu'il le pourra. Quant à la liberté de célébrer, il est très-clair que j'y ai droit si mon évêque ne peut pas dire que j'en suis indigne, ou qu'il a besoin de me punir pour avoir manqué gravement à l'obéissance que je lui dois. Mais il ne peut me reprocher, je puis l'affirmer sans crainte d'être démenti, que d'avoir voulu obtenir réparation de l'injustice très-manifeste dont M. Lassalle s'est rendu coupable envers moi. Ce n'est pas là, évidemment, une chose qui peut rendre un prêtre indigne de monter à l'autel. Il ne peut pas non plus me reprocher des actes de désobéissance. Car on ne désobéit en réalité qu'autant qu'on refuse de faire des choses que les supérieurs ont le droit de commander. Or aucun homme intelligent ne reconnaîtra à mon évêque le droit de me commander de ne point exiger que le Doyen de Ste-Marie réparât le tort qu'il m'a fait en m'empêchant sans motif de devenir curé d'une paroisse où Mgr me voulait.

Donc mon évêque me fait une injustice, en m'empêchant de monter à l'autel, puisqu'il n'a pas de motifs pour légitimer cette rigueur.

Je dis encore que la justice fait un devoir à Mgr Ducellier de me donner une cure. Etant prêtre j'ai le devoir et le droit de vivre, de travailler comme prêtre. Personne ne trouverait bien que je répudiasse mon caractère sacré, pour me faire commerçant, ou avocat, ou tout autre chose. Je suis prêtre, je dois le rester et faire les œuvres du prêtre.

D'un autre côté, j'ai le droit de vivre, d'ambitionner des fonctions honorables qui m'arrachent à la misère ou à une position trop modeste, et qui puissent me poser avec honneur et convenance dans la société. Mais les fonctions, mais les ministères ecclésiastiques, c'est l'évêque seul qui peut me les confier. Aurait-il donc le droit sans manquer à la justice, de mépriser mes aptitudes sacerdotales, de me condamner à l'inaction, à la stérilité, et de me refuser une desservance qui, en me rendant utile au peuple qu'on me désignerait, m'assurerait des ressources convenables pour mes besoins de chaque jour ?

Non, Dieu ni la religion ne permettent pas à mon évêque de se moquer d'un de ses prêtres, de le traiter comme un misérable, comme un indigne tandis qu'il ne l'est pas, de lui refuser arbitrairement ce qui peut le faire vivre de la vie du prêtre, ce qui peut le mettre en mesure de se rendre utile à Dieu, à l'Eglise et aux hommes et lui donner une position sociale en rapport avec l'éminence de la dignité qu'il tient de son sacerdoce. Non, l'évêque ne peut pas avoir un droit capricieux de vie ou de mort sur l'honorabilité de ses prêtres. Il ne peut pas, si d'ailleurs ils sont recommandables, les sacrifier à sa passion, à ses rancunes, à ses vengeances, ou à d'autres sentiments condamnables de son cœur. Les prêtres dignes doivent être appréciés comme tels par leurs évêques. Et les traiter en parias sans qu'ils le méritent, leur refuser, parce qu'ils ne sont pas agréables, ce qu'on accorde à tous les autres, c'est commettre une injustice criante, c'est faire acte de barbarie, c'est attirer sur soi la colère de la justice divine et aussi le mépris, la réprobation, l'exécration même de tous ceux qui ont le sentiment du droit, de la dignité des hommes et du respect dû aux prêtres portant avec honneur le poids de leur sacerdoce.

Donc il y a pour l'évêque un devoir de charité et de justice de faire vivre les prêtres dignes de la vie du prêtre, de leur confier le ministère des âmes et de les mettre ainsi en mesure de pourvoir honorablement aux besoins de la vie matérielle.

Donc aussi tout prêtre honorable a un droit de charité et de justice à ce que son évêque se conduise de la sorte à son égard. Car il ne faut pas l'oublier, partout où il y a des devoirs d'un côté, il y a des droits de l'autre. Monseigneur Ducellier me disait un jour à moi-même une parole pleine de sens et digne d'un grand évêque. Il m'affirmait, sans que rien l'obligeât à un pareil aveu, qu'un évêque avait beaucoup plus de devoirs à remplir que de droits à revendiquer.

Oui, Monseigneur, vous avez des devoirs envers l'abbé Rachou. Et l'abbé Rachou, tout pauvre, tout petit qu'il est, a le courage de vous demander que vous remplissiez vos devoirs envers lui, que vous vous incliniez respectueusement devant ses droits et que pour leur donner satisfaction, vous fassiez taire les exigences d'un amour propre déplacé, qui vous pousse à faire de l'arbitraire et du despotisme contre lui.

Vous avez dit, Monseigneur, et répété plusieurs fois que tant que je voudrais vous forcer la main, je n'obtiendrais rien, absolument rien de votre Grandeur. Je vais m'adresser maintenant à mes lecteurs et leur faire bien comprendre que mon évêque s'est trompé en parlant de la sorte et que le petit abbé Rachou a raison contre lui.

En effet, si ce que je demande à mon évêque était abandonné à son bon plaisir, à sa bienveillance, à sa liberté, je comprendrais qu'il put me le refuser par le fait seul que je veux lui forcer la main. Mais si j'ai un droit réel de charité et de justice à ce qu'il m'accorde un poste, il ne saurait acquérir la liberté de me le refuser, parce que je veux le contraindre à reconnaître et à respecter mon droit. Ce droit que j'ai contre Monseigneur d'être traité comme les autres prêtres et d'occuper une position hiérarchique dans son diocèse, c'est un bien très-réel que je possède et même un bien de la plus grande importance. Car il me donne la possibilité de sortir de l'état de misère où me laisserait mon manque de fortune et de figurer avec honneur et convenance dans la société.

Or, les hommes se passionnent naturellement et avec raison pour les biens d'une grande importance. Ils les défendent avec ardeur, ils les revendiquent avec énergie. Et s'ils trouvent des adversaires qui veulent les dépouiller de ces biens ou les empêcher de les obtenir, ils s'irritent contre eux, ils se montrent prêts à prendre les moyens les plus énergiques, même les plus violents, pour conserver la tranquille possession de leurs biens. Si donc je vois mon évêque porté à ne pas me traiter selon mon droit, il est tout naturel que je lui tienne le langage de la fermeté, que je me montre prêt à faire valoir mes légitimes prétentions par tous les moyens en mon pouvoir, et que je lui dise au besoin, comme je l'ai fait avec assurance, que je ne lui permettrai pas de me refuser impunément ce que j'ai le droit de lui réclamer en justice.

Ce serait sans doute très commode pour les supérieurs d'acquérir le droit de tout refuser à leurs inférieurs, parce que ceux-ci ne veulent pas s'en remettre à leur bon plaisir et les laisser arbitres absolus de leurs destinées.

Mais il importe aussi, à cause des excès de pouvoir qui sont très naturels anx hommes constitués en dignité, même à des évêques, qu'il y ait pour les inférieurs des droits très réels qu'il ne soit pas permis aux supérieurs de fouler aux pieds, de détruire suivant leur bon plaisir. En voulant forcer la main à mon évêque, je perds le droit, je le reconnais, de rien obtenir au-delà de ce qui m'est dû ; mais mon évêque ne saurait non plus acquérir celui de tout me refuser, ni de me traiter comme un indigne tandis que je ne le suis pas.

X. — Plusieurs raisons démontrent la légitimité de l'appel à la conscience publique.

1º Je puis me faire justice à moi-même, les supérieurs hiérarchiques et mon évêque me l'ayant refusée.—Je viens de prouver que j'ai des droits de charité et de justice pour que mon évêque ne m'empêche pas de dire la messe et qu'il me donne un poste de curé. Ces droits, comme je l'ai fait remarquer, sont des biens très importants, très précieux qui m'appartiennent. Je puis exiger de mon évêque qu'il les respecte ; et s'il ne veut pas le faire, personne ne peut me condamner si j'emploie les moyens que je croirai efficaces pour qu'il m'accorde ce qui m'est dû.

Le moyen légal qui se présentait à moi pour obliger Mgr Ducellier à ne pas me rendre victime de mon amour de la justice, c'était de recourir à ses supérieurs ecclésiastiques, à notre Archevêque d'Auch et au besoin au Pape lui-même, chef suprême de tous les évêques et archevêques de la catholicité. C'est ce que j'ai fait plusieurs fois, mais je dois le dire, sans aucun succès. Suis-je donc obligé d'abandonner les revendications de mon droit, de ne plus me permettre de rien exiger, au nom de la charité et de la justice qui soutiennent mes prétentions ? Non certainement. Le défaut de concours des supérieurs hiérarchiques ne donne pas à mon évêque des droits qu'il n'avait point et ne m'enlève pas ceux que je possédais.

Notre Archevêque et le Pape ne voulant pas venir à mon aide, je puis faire comme s'il n'y avait pas de tribunaux pour faire triompher mon droit ; je puis par conséquent me faire justice à moi-même, puisque ceux qui devraient me la rendre me la refusent. Me voilà donc en possession de ma liberté, pour prendre les moyens que je croirai propres à obtenir de mon évêque qu'il me traite selon la justice.

2° Je ne connais pas d'autre moyen efficace pour triompher de l'arbitraire des supérieurs. — Je dois l'avouer ; pendant les huit années que je me suis trouvé dans des positions déplaisant à l'autorité diocésaine, parce que je voulais m'occuper de prédication sans être sous l'autorité d'un supérieur, j'ai eu à soutenir en tout quatre luttes sérieuses avec l'autorité épiscopale, y compris pourtant mon conflit actuel et mon différent avec le curé de Bordeaux dont j'ai déjà parlé. Dans chacune de ses luttes, j'ai cru avec une conviction profonde que le droit était avec moi ; et mes supérieurs ne se sont jamais appliqués à me démontrer que je me trompais.

Et certes, je dois le dire, je ne comprendrais pas leur conduite, s'ils avaient cru que le droit me fut contraire et qu'ils n'eussent pas cherché à me le prouver. Dans chacune de ces luttes je me suis trouvé en face de supérieurs qui voulaient faire prévaloir leurs idées et qui ne paraissaient pas préoccupés de respecter mes droits. Mais moi j'avais le courage de résister à mes supérieurs, parce que je comptais sur la toute puissance du droit et parce que j'étais convaincu que je pouvais obtenir des supérieurs ecclésiastiques ce que je n'aurais pas osé espérer de supérieurs laïques ; qu'on pouvait les forcer à se conduire d'après les exigences de la religion qu'ils représentent et d'après les devoirs de la morale qu'ils prêchent aux autres.

Je dois pourtant le reconnaître ; le seul moyen que j'ai pu imaginer et qui me paraisse efficace pour triompher du parti pris de l'autorité et de tous les moyens dont elle dispose pour faire triompher ses vues, le seul moyen sur lequel j'ai compté, après tout dans tous les temps, ce sont des plaintes devant le public, telles que je les ai déjà produites de diverses façons dans ces quatre différentes luttes. Je me suis dit et je me dis encore, qu'au besoin dans le conflit actuel, je prolongerais ces plaintes et par la parole et par l'organe d'une brochure, s'il le fallait dans beaucoup de

villes de France ; que je reprocherais avec hardiesse partout à mes supérieurs de ne pas se conduire envers moi,
comme la religion le leur demande, de préférer le scandale,
plutôt que de reconnaître qu'ils se sont trompés et de réparer leurs fautes.

Oui, je le répète, les plaintes publiques dans les rues des
villes, soutenues par le langage invariable d'une brochure
qui mettrait avec évidence le droit de mon côté et le tort du
côté de mes supérieurs, voilà la seule arme sérieuse q e j'ai
trouvée dans mes réflexions, pendant 8 ans, pour triompher
finalement de supérieurs décidés à ne se rendre qu'à la
dernière extrémité.

Mais je le demande, ne faut-il pas un moyen de défense
entre les mains des petits et des faibles, pour réagir avec
succès contre l'omnipotence des grands ? Faut-il que tous
les droits soient du côté des puissants de ce monde et que
les inférieurs, les sujets n'aient d'autre parti à prendre que
celui de subir en silence le sort des vaincus, de se résigner
sans avoir à formuler aucune plainte, à toutes les humiliations, à tous les abus, à tous les excès de pouvoirs qu'il plai-
ra à leurs supérieurs de leur infliger ? Mon avis est que la
Providence de Dieu, qui veut l'ordre, la paix et l'harmonie
dans tous les êtres de la création, serait en défaut si les petits
et les subordonnés ne pouvaient pas combattre sérieusement
les passions, les faiblesses, l'arbitraire ou le despotisme des
hommes placés hiérarchiquement au dessus d'eux.

**3° On ne pourrait pas punir finalement un prêtre qui se plain-
drait jusqu'à ce qu'on lui eut promis de ne point le punir pour son
amour de la justice.** — D'après moi les plaintes publiques sont
un moyen infaillible entre les mains d'un prêtre courageux
pour obtenir justice de ses supérieurs. Je ne vois pas comment, même des lois ecclésiastiques pourraient fermer la
bouche à un prêtre victime d'une injustice évidente, qui
serait bien décidé à se plaindre dans les différentes villes de
France, une brochure à la main jusqu'à ce qu'on lui eut
promis de ne pas lui faire porter la peine de son courage à
poursuivre le triomphe du droit.

Quant à moi, je le déclare, je suis prêt à m'incliner

devant les décisions de la cour de Rome. Le Pape est le chef suprême de l'Eglise, il est infaillible d'après l'enseignement catholique, qu'accepte avec sincérité, tout prêtre digne de son état, comme tout bon catholique méritant bien ce nom. Si donc le Souverain Pontife condamnait, quoique je ne m'y attende nullement, la légitimité de l'appel à la conscience publique, lorsque les supérieurs ne veulent pas agir selon la justice et les autres lois morales, je me soumettrais avec une docilité d'enfant, et je me garderais bien d'avoir la folle prétention d'entendre mieux les intérêts de l'Eglise et les exigeances de la justice que le Vicaire de Jésus-Christ.

Mais on peut supposer à ma place, un prêtre moins atta-ché au dogme catholique qui impose la croyance à l'infailli-bilité du chef auguste de l'Eglise. On peut supposer un prêtre qui se sent révolté à la vue de l'obstination que l'on mettrait à ne vouloir pas le traiter suivant le droit, et qui serait décidé à se plaindre, successivement dans toutes les villes de France, de ce qu'on veut le rendre victime de son amour de la justice; de ce qu'on veut le punir, parce qu'il exige que les supérieurs ecclésiastiques agissent, envers lui, d'après les prescriptions des lois morales dont ils sont les soutiens et les défenseurs.

Quels sont les hommes qui ne sont pas aveuglément atta-chés aux enseignements de l'Eglise et décidés à accepter sans examen les décisions de son chef suprême, qui con-damneraient la conduite de ce prêtre voulant absolument le triomphe du droit sur l'arbitraire, le caprice et le mépris des hommes ? Comprendraient-ils que les supérieurs ecclésias-tiques agiraient avec raison, s'ils voulaient poursuivre de leurs rigueurs ce prêtre, à qui l'on ne pourrait reprocher autre chose que de vouloir absolument que les supérieurs ecclésiastiques pratiquent envers lui la morale qu'ils prê--chent aux autres ?

Ils comprendraient plutôt qu'une punition exemplaire serait due aux supérieurs eux-mêmes quelque élevés qu'ils soient, qui, pour n'avoir pas à se déjuger, à reconnaître qu'ils se sont trompés, qu'ils ont ainsi payé tribut à la faiblesse humaine, préféreraient voir un prêtre se plaignant successi-vement dans toutes les villes de France, de ce qu'ils ne veulent pas pratiquer eux-même la religion, de ce qu'ils ne se soucient pas d'observer la justice, comme ils demandent de le faire à quiconque veut être bon chrétien.

Ah! il me semble que tous les hommes n'ayant pas de parti-pris contre la vérité et l'évidence, se sentiraient profondément indignés, qu'ils crieraient à l'injustice, à un despotisme révoltant, à un mépris inexplicable des choses, des hommes et des intérêts bien entendus de la religion, si on pouvait leur dire qu'on veut à tout prix faire payer très-cher à un prêtre le courage qu'il aurait de demander de suivre en pratique les lois de la charité et de la justice auxquelles les supérieurs sont obligés de croire.

Oui, ma conviction profonde est, que si les supérieurs ecclésiastiques et le Souverain Pontife étaient capables, ce que je ne puis pas admettre en aucune façon, du moins pour le St-Père, s'ils étaient capables, je le répète, de vouloir punir finalement un prêtre contre qui l'on n'aurait d'autre grief que de demander absolument le triomphe du droit sur l'arbitraire et les abus de pouvoir des évêques, et d'être décidé à se plaindre sans relâche jusqu'à ce que la victoire lui restât, ils devraient nécessairement s'incliner devant le verdict de l'opinion publique, qui protesterait avec indignation contre le mépris insolent que l'Eglise afficherait ainsi pour les exigences de la justice et des autres vertus morales.

J'ai donc eu raison de dire avec hardiesse à mon évêque de Bayonne, avec qui j'ai à lutter aujourd'hui, qu'avec mon courage et ma détermination inébranlable de poursuivre la querelle jusqu'au bout, la victoire devrait définitivement rester au droit, à la justice et non à l'arbitraire, au despotisme, aux passions humaines contre lesquelles même des évêques ne se mettent pas toujours assez en garde.

Oui, Monseigneur Ducellier, si le droit est avec l'abbé Rachou, comme vous lui donnez tout lieu de le croire, n'ayant jamais travaillé à lui prouver le contraire, il faudra que ce prêtre, tout petit, tout pauvre, même tout méprisé qu'il est, car beaucoup d'hommes prennent instinctivement et avec passion fait et cause contre les inférieurs et en faveur de l'autorité, il faudra, dis-je, que ce petit prêtre reçoive finalement les honneurs du triomphe.

Et ce sera là un hommage éclatant rendu à la puissance du droit contre l'arbitraire et les excès d'autorité très possibles, même aux évêques les plus recommandables.

4° 28 professeurs de morale et le Pape m'ont donné raison par leur silence. — Je viens de donner une raison bien décisive d'après moi, pour établir le droit qu'ont de se plaindre publiquement les prêtres victimes d'une injustice que les supérieurs se refusent à réparer. J'ajoute que je me suis mis en règle pour pouvoir affirmer que je ne me trompe point, en professant cette doctrine.

Dans les deux dernières luttes que j'ai soutenues avec le curé de St-Pierre de Bordeaux et mon évêque de Bayonne, j'ai senti le besoin de m'assurer que je ne faisais pas fausse route et que le droit était avec moi. J'ai consulté 28 professeurs de morale appartenant à 25 grands séminaires de France. Ce sont les hommes spéciaux chargés par état de savoir si j'ai tort ou si j'ai raison. Je leur ai fait connaître ma résolution inébranlable, si on ne me condamnait point, de faire des éclats, de publier des brochures, de me plaindre avec énergie dans les rues des villes, jusqu'à ce que mes contradicteurs se fussent décidés à me traiter selon la justice. Je les ai interrogés tous pour savoir si j'outrepassais mon droit, en tenant une pareille ligne de conduite. Mais comme je m'attendais à ce que la plupart de ces professeurs ne me répondissent rien si je ne me trompais pas, parce qu'ils n'auraient pu m'écrire que pour me donner raison et donner tort par la même à un curé de Bordeaux, à l'Archevêque de cette ville et à mon évêque de Bayonne, je leur ai déclaré à tous, par trois lettres différentes, que je m'appuierais sur le silence de tous ceux qui ne me répondraient pas comme sur autant d'autorités en ma faveur; et que si le grand nombre me donnait ainsi raison, je me croirais fondé en droit, et que je mettrais la main à l'œuvre avec éclat dans les rues des villes.

Après avoir parlé de la sorte, après avoir annoncé ma détermination bien arrêtée d'agir avec éclat pour le triomphe de ma cause, si les professeurs consultés ne condamnaient pas mes moyens d'action, chacun de ces Messieurs, qui auraient désapprouvé mon principe, devait se faire un devoir de conscience de me répondre, pour ne pas contribuer par son silence à m'encourager pour des démonstrations publiques, très fâcheuses au jugement de tout bon catholique comme au mien, pour l'intérêt de la religion et l'honneur du clergé.

Deux seulement parmi cinq professeurs qui m'ont répondu ont condamné mon principe; et les autres m'ont écrit sans rien décider contre moi.

De plus à quatre reprises différentes j'ai consulté le Pape de la même façon, et avec d'autant plus d'insistance que je voulais répandre dans nos villes, à des milliers d'exemplaires — j'avais imaginé des moyens pratiques pour cela — je voulais répandre une brochure qui montrât d'une manière générale, en faveur de tout prêtre ayant à souffrir d'une injustice évidente pour tous, de la part de ses supérieurs, le droit qu'il possède de se plaindre et par la presse et par la parole, jusqu'à ce que les supérieurs s'exécutent pour remplir leurs devoirs.

Le St-Père a gardé un silence obstiné et très significatif, jusqu'au jour où je lui ai envoyé le manuscrit destiné à propager ma doctrine dans diverses villes de France et parmi les membres du clergé. La réponse du St-Père suppose que je ne me trompe pas sur le principe. Mais la manière dont je traitais ce sujet, qui était très délicat avec le plan que j'avais adopté, lui a paru avoir des inconvénients pour le bien de la religion. Aussi il m'a fait défendre de publier mon travail dans le lanagge que je lui ai soumis.

Rome a parlé: l'abbé Rachou ne doit pas publier sa brochure telle qu'il l'avait composée: et l'abbé Rachou obéira avec la docilité d'enfant que tout bon prêtre doit au chef suprême de l'Eglise.

5º L'inférieur peut punir par le mépris public, le mépris que ferait le supérieur de son droit. — Voici une raison philosophique bien concluante d'après moi, pour établir la ligitimité de l'appel à l'opinion publique.

Quiconque pêche mérite d'être puni par où il a pêché. Or, mon évêque de Bayonne en s'obstinant à ne vouloir rien m'accorder, pas même de dire la sainte messe, a méprisé toute mes réclamations, tous les efforts que j'ai faits pour obtenir satisfaction, sans avoir à recourir à des plaintes publiques que je déplore profondément; il a méprisé le devoir qu'il y a pour lui de me traiter selon la justice et de m'accorder des choses qu'il n'est pas libre de me refuser; il a méprisé l'obligation que la religion lui impose de ne pas laisser faire le scandale que causeront nécessairement mes plaintes en parvenant à la connaissance du public de nos villes. Il mérite par conséquent, je le répète, d'être puni par où il a péché. Et puisqu'il méprise les devoirs que la charité, la justice et la religion lui imposent à l'égard de l'abbé Rachou, il mérite qu'à mon tour je soulève contre lui le mépris de tous les amis de la justice, comme châtiment très légitime du mépris qu'il fait lui-même de ses devoirs et de mes droits. Il mérite que j'excite contre lui, et par mon écrit, et par les accents de ma parole, l'indignation de tous ceux qui ne sont pas d'avis que la force brutale doit étouffer le droit, que les petits doivent toujours être écrasés par l'omnipotence des grands, quand même ils auront mille fois raison, et que les supérieurs ecclésiastiques peuvent afficher, sans en porter la peine, le mépris impertinent des lois de charité, de justice et de respect dû aux prêtres dignes.

6° **On peut employer les moyens les plus simples, les plus expéditifs pour obtenir justice.** — Il est permis à celui qui a reçu une injustice d'employer pour obtenir réparation les moyens les plus simples, les plus économiques, les plus expéditifs, pourvu qu'ils ne soient pas coupables en eux-mêmes. Ceux qui sont les auteurs de cette injustice ne peuvent pas exiger qu'on ne s'adresse qu'aux tribunaux compétents, si par ailleurs l'intéressé trouve des moyens honnêtes pour les obliger à remplir leurs devoirs. Le tribunal de l'opinion publique est un tribunal très légitime, pourvu que la grande partie des hommes soit en état d'apprécier, s'il y a injustice oui ou non, dans les faits qu'on soumet à son jugement. Si les affaires qu'on porterait devant lui sont obscures, si elles échappent au bon sens commun des hommes, si elles demandent, pour qu'on les juge équitablement, la connaissance des lois civiles ou ecclésiastiques, il n'est pas raisonnable, ni juste par conséquent, de les porter devant le tribunal de l'opinion publique, parce que la plupart des hommes n'ont ni le temps, ni la volonté d'étudier les lois humaines, pour être en état de porter un jugement sérieux sur les affaires dont on leur parlerait.

Mais, par exemple, qui ne comprend que mon évêque me fait une injustice, en voulant me rendre moi-même victime de mon amour de la justice et du droit, du courage que j'ai à demander qu'il se conduise envers moi d'après les exigences de la religion? Qui ne comprend encore que M. Lassalle, curé de Ste-Marie m'a fait, un tort très réel qu'il aurait dû me réparer, en m'enlevant de sa propre autorité le provisoire de la commune d'Aren que mon évêque m'avait confié, et en prenant des mesures pour que Monseigneur ne songeât plus à me nommer curé de cette commune où il me voulait auparavant?

Si tout homme de bon sens est apte à juger qu'il y a injustice dans la conduite de M. Lassalle et de Monseigneur envers moi, pourquoi ne ferais-je pas porter à tout le monde une sentence contre ces Messieurs? Peuvent-ils exiger que je leur épargne la honte d'être condamnés par tout le monde quoiqu'ils le méritent?

N'est-il pas permis d'ailleurs de prendre les coupables par leur côté sensible? C'est un amour propre fort détestable qui a empêché M. Lassalle de m'envoyer de nouveau à Aren, parce qu'il aurait dû reconnaître qu'il avait fait mal de m'en m'en chasser sans motif suffisant. C'est un amour propre également répréhensible qui porte Monseigneur à ne pas revenir sur sa parole, lorsqu'il a dit que je ne pourrais rien obtenir de lui par la force. Cet amour propre qui l'inspire peut-être sans qu'il s'en doute, lui fait préférer le scandale causé par mes plaintes légitimes, plutôt que de me traiter comme la charité et la justice l'exigeraient.

Mais ne puis-je pas porter de rudes coups à cet amour-propre de mes supérieurs qui m'est très préjudiciable, en attirant sur leur conduite envers moi le blâme et la condamnation de tous ceux à qui je donne connaissance de ce que j'ai à leur reprocher? Est-ce que la honte qu'ils éprouvent de voir que la plupart de mes lecteurs prendront fait et cause pour moi, qu'ils critiqueront fortement leur obstination à me refuser justice, n'est pas un motif puissant pour les déterminer à faire cesser mes réclamations importunes, le plus tôt qu'il sera possible? Ont-ils le droit de se plaindre, eux qui sont coupables envers moi de ce que je leur inspire de la honte, de ce que je les force en les prenant par leur amour-propre à remplir des devoirs dont ils voudraient se débarrasser? Peuvent-ils me faire un crime de ce que je n'ai pas recours aux tribunaux ecclésiastiques, de ce que je ne me condamne point par là à beaucoup de dépenses, d'ennuis, de pertes de temps, d'incertitudes sur le sort de mon affaire, tandis que je trouve dans leurs sentiments d'honneur un point d'appui très solide, pour les forcer à me rendre une justice dont ils ne se soucient pas?

Non, dans une affaire où tout le monde peut apprécier l'injustice que je dénonce à tous les amis du droit, on ne peut pas me condamner de ce que je chercherais à obtenir satisfaction sans m'adresser ni à notre Archevêque d'Auch, ni au Pape — ce que j'ai pourtant fait mais sans succès — de ce que je me contenterais de piquer l'amour-propre et de réveiller la honte de mes contradicteurs en me plaignant partout de leur conduite très blâmable, de ce que je prendrais ainsi le chemin le plus court pour arriver à des réparations qui me sont dues; de ce que je laisserais de côté les tribunaux réguliers pour faire agir en ma faveur le tribunal impitoyable de l'opinion publique, si portée à exiger, et elle a raison, que les prêtres et les évêques respectent dans leur conduite la morale et la religion qu'ils prêchent aux autres, et auxquelles ils sont obligés de croire sous peine de se montrer indignes de leur profession.

XI. — Le scandale de mes plaintes ne retombe pas sur moi, mais uniquement sur mon évêque

Ma brochure, je le sais, n'est pas faite pour édifier les lecteurs. Elle en scandalisera au contraire le grand nombre. On y verra qu'un curé de canton s'est conduit d'une manière fort condamnable, qu'il a obéi à des sentiments de rancune, de malveillance, de jalousie d'autorité dont un prêtre et plus encore un supérieur ne devrait jamais suivre les inspirations. On y verra que, pour satisfaire son ressentiment, il m'a chassé d'une paroisse où Monseigneur voulait me nommer curé; qu'il a fait ainsi usurpation de l'autorité épiscopale pour me faire du tort; et qu'ensuite il s'est refusé à me faire rendre le service provisoire qu'il n'aurait pas dû m'enlever de sa propre autorité; qu'ainsi il a voulu que je fusse victime de ses fautes. On y verra que Monseigneur et M. Lassalle n'ont pas voulu arranger cette affaire, comme ils l'auraient pu très facilement, sans m'obliger à faire des éclats. Pour cela ils n'auraient eu qu'à me dire de reprendre, comme par le passé, le service de la commune d'Aren qui était à demie-heure de ma résidence. Ils auraient ainsi rendu très-contente une population qui se croyait servie avec moi comme si elle avait un curé, tandis qu'elle avait souffert pendant 18 mois, avec le service très incomplet de son curé provisoire, pour lequel elle avait une grande antipathie, parce qu'elle lui supposait l'ambition d'annexer leur paroisse à la sienne.

On comprendra que ces messieurs ont eu grandement tort de me laisser renouveler mes plaintes très légitimes dans les rues d'Orthez, pour n'avoir pas à reconnaître que M. Lassalle s'était trompé, qu'il avait commis une faute me donnant droit à des réparations. On sera convaincu que Monseigneur est très coupable, en me forçant à dire dans ma brochure les choses peu édifiantes qu'elle contient, pour ne pas être victime de mon amour de la justice ou de mon courage à demander que M. Lassalle réparât sa faute, comme c'était son devoir. On dira que Monseigneur, en s'obstinant à ne pas vouloir me rendre la liberté de dire la messe, ni me promettre un poste, comme je le mérite, parce que j'ai exigé qu'il m'accordât ce qu'il me devait, commet une véritable injustice ; qu'en permettant le grand scandale causé par la publication de cette brochure et par les plaintes publiques qui l'accompagneront bien vite, plutôt que de reconnaître mon droit, il se conduit comme s'il n'avait pas de conscience, comme s'il ne croyait pas aux devoirs de charité et de justice qu'il est obligé pourtant de prêcher et de recommander aux autres ; qu'il laisse supposer en agissant de la sorte, qu'il ne croit pas à la religion dont il est le représentant très élevé, et que les devoirs inscrits dans l'Evangile et tant recommandés par les prêtres du haut de la chaire, sont abandonnés à la liberté, à la fantaisie de chacun.

Voilà ce que diront beaucoup de mes lecteurs. Et tout le monde comprend que c'est là un grand scandale, un scandale très nuisible au bien de la religion et à son règne dans les cœurs.

Mais sur qui devra en retomber la responsabilité ? Ce n'est pas sur moi qui suis victime d'une injustice sans y avoir donné lieu, du moins pour la mériter. Car j'ai le droit d'employer les moyens qui sont à ma disposition pour obtenir qu'on m'accorde les réparations qui me sont dues. Il m'est permis, comme je l'ai démontré, de faire porter à mon évêque et à M. Lassalle la peine de leur refus à reconnaître mes droits. Car je me conduis ainsi, comme Dieu le fait lui-même à l'égard de ceux qui violent ses propres droits et son autorité souveraine.

L'Eglise enseigne, en effet, que Dieu punit le pécheur pour chaque péché qu'il s'est permis et qu'il n'a pas expié par le repentir, qu'il proportionne le châtiment à la gravité de l'offense, qu'il venge ainsi sa justice du mépris que font ses créatures de ses lois adorables. A son exemple, je puis punir et mon évêque, et le curé de Sainte-Marie, du mépris qu'ils ont fait ou qu'ils font de leurs devoirs envers moi, en attirant sur eux le châtiment bien mérité du mépris de la conscience publique, malgré le scandale qui résulte de l'exercice légitime de mon droit.

Est-ce qu'on reproche à quelqu'un qui a reçu une grave injure d'un de ses semblables, si l'on veut même d'un prêtre, et qui ne peut pas en obtenir réparation, de le dénoncer à la justice, pour qu'elle poursuive le coupable et d'occasionner ainsi le scandale plus ou moins grand qui peut résulter d'une condamnation judiciaire ? Est-ce qu'on reproche à des juges le grand scandale produit par la condamnation infamante, qu'ils prononcent contre des hommes de religion dont ils ont établi la culpabilité ? Non certainement. Or il m'est permis, je l'ai établi plus haut, de me rendre justice à moi-même, après avoir essayé en vain de l'obtenir par l'intervention des supérieurs hiérarchiques. Il m'est permis, je l'ai dit encore, dans les choses qui sont du ressort du bon sens public, de dénoncer à l'indignation, au mépris de tous les amis de la justice, la conduite très condamnable de mes supérieurs qui ne veulent pas agir selon leurs devoirs, selon les exigences de la religion qu'ils ne devraient pas contrister par un principe d'amour-propre très digne de blâme. Et je suis d'autant plus à l'abri de tout reproche, que j'ai averti bien des fois mes supérieurs, que j'ai fait les plus vives instances pour m'épargner la cruelle nécessité d'avoir recours au moyen si fâcheux des plaintes publiques, pour les obliger à reconnaître mes droits.

Ah ! c'est Mgr l'Evêque qui est seul responsable du scandale qui ne se produit, que parce qu'il ne veut pas remplir ses devoirs.

Dès le moment qu'il ne peut pas condamner ma conduite, qu'il ne peut pas me contester le droit que j'ai de me plaindre en public, puisque le Pape lui même l'a reconnu par un silence très-significatif, malgré plusieurs occasions que je lui ai fournies de le rompre, pourquoi donc ne règle-t-il pas sa conduite en conséquence ? S'il ne peut pas m'empêcher de me plaindre parce que c'est dans mon droit, pourquoi ne pas prévenir l'effet scandaleux produit par mes plaintes en m'accordant satisfaction ? Si j'ai incontestablement des droits de charité et de justice contre lui, pourquoi m'obliger à lui reprocher devant tous mes lecteurs de ne vouloir pas les reconnaître, d'abuser de sa toute puissance pour me les confisquer, de se refuser à agir comme le devoir, la conscience et la religion le lui demanderaient ?

Ah! le grand scandale, le scandale véritable causé par mes plaintes vient, non pas de ce que j'ai le courage de deman-der une justice qui m'est due, mais de ce qu'un évêque, de ce qu'un représentant très élevé de la religion ne veut pas me l'accorder tandis qu'il me la doit. Oui, le scandale vient de que Monseigneur ne veut pas étouffer les inspira-tions de son amour propre qui le porte à ne pas se déjuger, à ne pas reconnaitre qu'il a commis une faute, en affirmant que je n'obtiendrais jamais rien de lui par la force du droit, pour empêcher l'effet très-funeste que causera dans l'âme de mes lecteurs la publicité donnée à mes plaintes, à l'obsti-nation que Monseigneur met pour ne pas remplir ses de-voirs si bien établis envers moi.

Ah ! je désirerais bien pour ma part que le scandale occa-sionné par la publication de ma brochure put finir au plus tôt ! Cependant j'ai une volonté inébranlable de ne pas l'arrêter moi-même, jusqu'à ce que le droit ait triomphé et que l'arbitraire de Monseigneur Ducellier soit confondu. J'irais plutôt, comme je l'ai dit au commencement, renouve-ler mes plaintes dans des centaines de villes de France Je veux qu'il soit reconnu que les évêques et autres supérieurs ecclésiastiques sont obligés de faire taire les exigences de leur amour propre, pour respecter le droit qu'ont les infé-rieurs à être traités selon la charité, la justice et les autres vertus morales. En agissant de la sorte je crois entrer dans les desseins de Dieu sur moi, comme je vais l'établir tout-à-l'heure.

Auparavant je me recommande à tous les amis de la religion et du clergé. Je leur demande de faire tout ce qui dépendra d'eux, pour que mon évêque se décide au plus tôt à faire cesser mes plaintes, en m'accordant l'objet de mes réclamations. Or je lui demande d'abord de pouvoir dire au premier jour la sainte messe, et puis de me promettre une desservance qu'on n'ait pas le droit d'appeler un poste de disgrâce, et de me l'accorder aussitôt qu'il lui sera possible, sans demander que je fasse des pénitences que je n'ai pas méritées, pour avoir eu le courage d'exiger que l'on me trai-tât selon la justice.

XII. — Dieu veut que je fasse triompher le droit.

Dieu le veut, Dieu est avec moi, voilà un langage qui est sorti bien des fois du fond de ma conscience avec une conviction profonde, avec la certitude que je ne me trompais pas. J'ose affirmer que je crois avoir été choisi pour être l'instrument de la Providence, en contribuant à obtenir que les évêques gouvernent plus souvent qu'ils ne font d'après les maximes de l'Evangile, d'après les lois morales qu'il renferme, et non d'après les conseils des passions humaines dont la consécration épiscopale ne les a pas entièrement affranchis. J'ai du moins quelques caractères auxquels on reconnaît les hommes dont Dieu se plaît à se servir, souvent pour opérer des merveilles.

On sait que d'après l'Ecriture Sainte Samson avec une machoire d'âne tua des milliers de Philistins. L'apôtre St-Paul dit : *Infirma et contemptibilia mundi elegit Deus ut confundat fortia.Dieu choisit ce qui est faible et méprisable selon le monde pour confondre les sages et les forts.* Le Prophète David affirme que Dieu se plaît à prendre le pauvre, le misérable dans son fumier, pour le placer parmi les princes de son peuple. C'est dans la classe de la société la plus pauvre, la plus méprisable, parmi des pêcheurs de profession, que Jésus-Christ a été prendre les apôtres dont les prédications soutenues par des miracles éclatants devaient transformer le monde et le convertir à son Saint Evangile.

Je trouve facilement dans ma personne les caractères de basesse que je viens d'énumérer et que l'on rencontre souvent dans les élus de Dieu pour réaliser de grandes choses dans le monde. Je suis pauvre et très-pauvre par mon origine, et aussi par les insuccès que j'ai eus, en poursuivant la carrière de la prédication pour laquelle j'avais reçu, je le crois, de belles qualités, mais accompagnées de défauts très importants dont je n'ai pas pu me défaire. Les mépris, les critiques, les humiliations de plus d'un genre ne m'ont pas manqué depuis 8 ans, et parce que je m'obstinais à vouloir réussir comme prédicateur, tandis que je n'aboutissais pas; et parce que j'ai soutenu avec l'autorité des luttes très-impopulaires auprès de mes confrères, comme aussi parmi les gens du monde qui en général ne se font pas une idée de la toute-puissance du droit, du moins lorsqu'on lutte avec des évêques obligés de marcher selon la religion et la conscience. Combien d'hommes et plus encore de femmes m'ont traité, peut-être des milliers de fois, de fou, d'extravagant, d'entêté sans mesure et d'autres choses probablement encore ?

Je réunis donc les caractères du mépris de la part des hommes à un degré remarquable, pour prétendre, sans être taxé de folie de ce côté-là, à l'honneur d'être l'instrument de Dieu pour quelque chose d'utile.

En général, ceux que Dieu choisit de la sorte pour ainsi dire dans la tourbe des hommes, se distinguent par de grands sentiments de vertu, par une humilité profonde, par un mépris très marqué pour tous les biens de la terre. Est-ce que je vais avoir l'audace de m'attribuer quelqu'une de ces qualités si recommandables ? Oui certainement, lecteurs. Et je fais cette réponse si nette sans aucun sentiment de vanité personnelle, uniquement dans l'intérêt de la gloire de Dieu et pour assurer plus facilement le triomphe de la justice que je poursuis avec toute l'ardeur de ma nature.

Je vais à présent dire, sous la foi du témoignage divin, les choses qui prouveront cette affirmation si hasardée, si l'on veut même si invraisemblable. Ce serait une folie de me contenter d'affirmer, avec ma seule parole d'homme, des choses si en opposition avec les apparences qui sont attachées à ma conduite, fort condamnée par beaucoup d'hommes très respectables. Mais si je parle sous l'autorité du serment, on devra me supposer, ou un prêtre sans conscience, sans vertu, puisque je serais capable de parjure, ou bien un prêtre très favorisé du ciel au point de vue des inclinations morales sur des points très importants. J'ose croire que mon âme se peindra assez dans mon écrit telle qu'elle est, pour que tous les hommes sans passion croient à ma sincérité et à mon respect pour le serment.

Voici donc ce que je vais affirmer plus bas comme très vrai, après en avoir appelé au témoignage de Dieu.

1º Depuis l'âge de 20 ans, je me suis toujours senti les goûts, les désirs et les inclinations d'un bon prêtre. Je n'ai jamais regretté d'avoir embrassé la carrière sacerdotale :

2° J'ai soutenu depuis 8 ans, avec une persistance inébranlable, contre trois autorités ecclésiastiques, quatre luttes très sérieuses, y compris celle de Bordeaux, de l'année dernière, et celle dont j'occupe mes lecteurs en ce moment. Beaucoup de confrères et d'hommes très sérieux qui me voulaient du bien, m'ont déclaré que je devais être dominé, pour m'obstiner ainsi dans ces luttes, par un orgueil sans mesure. Et j'ose affirmer que je ne crois nullement avoir à combattre la tentation de l'orgueil. Je me crois humble et très humble par le don du créateur, plutôt que par l'effort de ma vertu. Voici ce qui le prouve.

3° J'ai surveillé souvent les premiers mouvements, les mouvements instinctifs de la nature que les philosophes appellent *motus primo primi* ; et j'ai toujours constaté que la seule chose à laquelle j'étais réellement sensible, c'était, non pas ce qui se rapportait à mon honneur, à ma considération devant les hommes, mais ce qui pouvait être utile pour le bien en lui-même, pour Dieu, pour la religion et le salut des âmes.

4° Depuis 12 ans j'ai éprouvé bien des revers, des épreuves, des contradictions, des déceptions de toute sorte. Et bien je ne me souviens pas qu'il m'ait fallu jamais cinq minutes, pour me réjouir sans effort et sincèrement dans mon âme, pour remercier Dieu de ce qu'il m'humiliait, de ce qu'il me contrariait dans mes désirs et mes espérances.

5° Dans mes quatre luttes avec mes supérieurs ecclésiastiques et plus particulièrement dans la présente qui a inspiré cette brochure, je me suis trouvé dans un grand isolement. Beaucoup de confrères et d'hommes très estimables m'ont contrarié, m'ont condamné, m'ont témoigné même un grand mépris. Ils ont paru persuadés que je poursuivais des chimères, que je travaillais à ma ruine, en voulant avoir raison de supérieurs tout-puissants. Rien de tout cela ne m'a jamais ému, ni ne m'a causé de la tristesse. J'ai espéré toujours fortement, il est vrai, faire triompher le droit à force de courage, d'énergie, de prudence et de tenacité. Mais je n'ai jamais éprouvé aucun regret, que je sache, de voir que tant d'hommes ne voulaient pas partager mes espérances et qu'ils me retiraient leur estime, tandis que je croyais la mériter.

6° J'aime les grandes choses et la nature me pousse à les rechercher avec ardeur. J'ai poursuivi pendant long-temps une grande perfection intellectuelle : j'ai espéré arriver à une grande science, à une éloquence distinguée, à un talent remarquable d'écrire. Et bien, ce qui me réjouissait véritablement dans la confiance que j'atteindrais ces belles choses, c'est non pas de recueillir les honneurs, les louanges ou la gloire des hommes dont je ne tiens aucun cas, mais uniquement d'être par là plus apte à faire du bien pour Dieu, pour la religion, pour le salut et la perfection des hommes.

7° Je suis porté avec une tenacité invincible, à poursuivre et à faire triompher à mon avantage ma lutte actuelle avec l'évêque de Bayonne, d'ailleurs très estimable. Et bien, la conscience me dit que ce que je recherche, ce que j'ambitionne réellement, ce n'est pas le plaisir d'une satisfaction personnelle, la gloire d'avoir remporté victoire sur un évêque très intelligent et très distingué, mais le bonheur de faire triompher le droit et la justice, de contribuer |par un exemple à faire comprendre combien, d'après la religion de Jésus-Christ, les hommes ont droit à ce qu'on respecte leurs biens, leurs droits, leur liberté, leur dignité.

8° Après les trois luttes que j'ai soutenues avec l'évêque actuel de Bayonne et l'administration ancienne dans les derniers jours de Monseigneur Lacroix, on m'a imposé pour pénitence, avant de m'accorder ce que je demandais ou de me rendre la messe qu'on m'a enlevée dans deux de ces luttes, on m'a imposé, dis-je, de faire huit jours de retraite dans une maison ecclésiastique. J'ai accepté cette condition avec une docilité d'enfant et un véritable bonheur. J'ai fait cette retraite de mon mieux, dans un silence absolu, avec tout le sérieux, tout le recueillement dont j'étais capable, faisant quatre fois par jour une heure de méditation. Dans chacune de ces retraites j'ai consacré spécialement cinq jours à me demander quatre fois par jour, très sérieusement, sans aucun parti-pris, en face de mon Dieu, de la mort et de l'éternité, si je devais me reprocher d'avoir résisté à

mes supérieurs, d'avoir défendu mon droit avec une tenacité indomptable, d'avoir fait des éclats très fâcheux à mon
propre avis. Et bien, je le déclare, la conscience ne m'a
jamais inspiré un seul remords pour avoir employé des
armes si funestes dans l'intérêt de ma défense, parce que
j'avais toujours donné à mes supérieurs le temps de tout empêcher.

J'ai été passer à Lourdes le mois d'octobre dernier tout
entier. J'ai été y demander à la sainte Vierge, tous les jours
pendant une heure, en face de la grotte miraculeuse, qu'elle
m'éclairât et qu'elle me fit bien comprendre si je devais oui
ou non faire triompher à tout prix la légitimité des plaintes
publiques telles que je les ai faites à Orthez. Et pour obtenir
plus facilement les lumières de Dieu par la protection de la
sainte Vierge, j'ai jeûné en faisant maigre et me privant de
vin, tous les jours excepté le dimanche. Et à Lourdes non
plus je n'ai pas éprouvé le moindre remords pour ce que
j'avais fait pendant mes diverses luttes, en particulier dans
la dernière, pour faire respecter ce que je croyais très ferme-
ment être mon droit. Au contraire,

9° Dans tous les temps, pendant ces huit années, je me
suis senti souvent bien encouragé par le témoignage très
calme de ma conscience. Et quelque chose me disait très
fortement dans l'intérieur de mon âme, que je pouvais être
tranquille, que Dieu ne désapprouvait pas ma conduite
envers mes supérieurs. La conscience me disait souvent,
avec la conviction que je ne me trompais pas : Dieu le
veut, Dieu avec toi ; marche en avant, n'aie pas peur. Dieu
veut que son Evangile et ses lois morales prévaillent dans
le gouvernement des hommes, surtout de la part des évêques, sur les exigences de l'orgueil humain et des intérêts
de ce monde. Or je le déclare :

10° Je me suis senti, de tout temps, tout à fait détaché de
mes vues personnelles, prêt à les abandonner, même les plus
chéries, si Dieu me le demandait. Et je crois être sûr que,
tous les jours et dans tous les moments de mes luttes, j'aurais renoncé à tout sans aucune peine, si j'avais pu me persuader que c'était la volonté du ciel et que je devais me

résigner à la défaite, après avoir poursuivi avec confiance la victoire.

Je prie tous mes lecteurs, principalement les personnes religieuses, de remarquer ceci : De tout ce que je viens de dire il résulte, si je ne me trompe pas et si je ne cherche pas à tromper, comme le croiront certainement tous ceux qui ne sont pas prévenus contre le langage d'un prêtre fait pour inspirer confiance, il résulte, dis-je, que ma nature ne me porte pas à l'orgueil, ni au triomphe dans mes luttes pour ma satisfaction personnelle, et que la conscience ne m'a jamais inspiré de remords pour les éclats publics avec lesquels j'ai soutenu mes droits contre diverses autorités épiscopales. Or, je l'affirme encore avec assurance: avec les dispositions de mon âme telles que je les ai décrites, avec les encouragements si manifestes que j'ai éprouvés pour garder mon amour pour le droit et la justice, avec tant de prières ardentes que j'ai adressées au ciel, pour savoir si ma résistance aux désirs de mes supérieurs était contraire à la volonté de Dieu, il faudrait dire que si je me trompe, si mes uttes soutenues avec tant de confiance et de fermeté étaient contraires à l'esprit de la religion, Dieu ne communique pas ses lumières à ceux qui les lui demandent et qui le cherchent sincèrement lui-même. Il faudrait dire que sa Providence est en défaut, qu'il abandonne au hasard, au caprice des inspirations et des inclinations personnelles, les déterminations les plus importantes de notre vie ; qu'il n'a aucun souci de faire connaître aux hommes ce qui lui plaît ou ce qu'il n'approuve pas. Soutenir de pareilles choses, ce serait blasphémer contre le dogme de la Providence dans le gouvernement des choses et des hommes.

Voilà dans ce qui précède ces dernières lignes, bien des affirmations, bien des sentiments, à mon avis fort dignes de Dieu et d'un homme destiné à être l'instrument de ses œuvres. Et bien :

En présence de Dieu invoqué comme témoin, — Je déclare à tcus mes lecteurs, comme si je devais mourir et paraître à l'instant devant mon juge souverain, que j'ai lu avec grande attention tout ce qui est renfermé dans ces 10 numéros divers ; que j'ai bien pesé la valeur des termes et que je crois avec certitude que tout y est conforme à la vérité, ou à mes convictions profondes, et à ce qu'il me semble avoir éprouvé dans le fond de mon âme et dans ses impressions.

Que Dieu me punisse de ses plus terribles châtiments, si j'affirmais rien contre le témoignage de ma conscience; qu'il me précipite à l'instant au plus profond des enfers, comme un grand scélérat, csmme le plus méprisable des prêtres.

Après cela, je ne dis plus rien à mes lecteurs. Je les prie seulement de bien examiner la valeur des affirmations ci-dessus, placées sous l'égide du témoignage de Dieu lui-même, et de se demander ensuite, si réellement je suis aussi fou, aussi condamnable, aussi digne de mépris que certaines gens prévenus veulent le supposer et le dire, par-ce que je veux contribuer, par un exemple éclatant, au triomphe plus complet des lois morales de l'Evangile, sur les préoccupations mesquines de la vanité humaine dans le gouvernement de l'Eglise, qui doit être le plus parfait et le modèle de tous les autres gouvernements.

Géronce, le 28 novembre 1881.

RACHOU, *Prêtre.*

DERNIER AVIS

POUR LES PERSONNES RELIGIEUSES : *Depuis que les premières pages étaient imprimées, je me suis arrêté au parti de vendre ma brochure, tant que je pourrai, jusqu'à ce que Monseigneur m'accorde satisfaction. Par conséquent il faut considérer comme non avenu l'avis de la première page.*

www.ingramcontent.com/pod-product-compliance
Lightning Source LLC
LaVergne TN
LVHW022032080426
835513LV00009B/1005